Geoffrey Hodson: Wie ein neues Leben entsteht

1. Auflage 2019

Voglherd 1 · D-85567 Grafing
www.aquamarin-verlag.de

Titel der amerikanischen Originalausgabe:
The Miracle of Birth
A Clairvoyant Study of a Human Embryo

Umschlaggestaltung: Annette Wagner

Druck und Bindung: CPI · Birkach

ISBN 978-3-89427-853-3

Geoffrey Hodson

Wie ein neues Leben entsteht

Von der Empfängnis bis zur Geburt aus spiritueller Sicht

Aus dem Englischen von
Astrid Ogbeiwi

Aquamarin Verlag

Inhalt

Für mein Patenkind
Heather
und ihre Eltern,
ohne die es dieses Buch
nicht hätte geben
können

Erhebt die Frauen Eures Geschlechts, bis alle als Königinnen erkannt werden, und zu diesen Königinnen lasset jeden Mann wie einen König sein, auf dass alle einander ehren und im anderen das Königliche erblicken. Macht jedes Heim, so klein es auch sei, zu einem Hof, jeden Sohn zu einem Ritter und jedes Kind zum Pagen. Mögen alle einander in Ritterlichkeit begegnen und jeder im anderen die fürstliche Abkunft, die königliche Geburt würdigen; denn königliches Blut fließt in jedem Menschen; alle sind Kinder des Königs.

Aus: Geoffrey Hodson, *The Brotherhood of Angels and of Men*

Einführung

Zu einer Zeit, in der die dringend notwendige Verringerung der Mütter- und der Kindersterblichkeit zumindest eine gewisse Aufmerksamkeit erfährt, kommt die Veröffentlichung dieses Buches (Erstausgabe 1929) wie gerufen.

Sokrates lehrte: „Der Anfang ist der wichtigste Teil jedes Werkes, insbesondere, wenn es um etwas Junges und Zartes geht." Heute betont Sir Frederic Truby King, dass die ersten achtzehn Lebensmonate (neun vor und neun nach der Geburt) die wichtigsten sind, wenn sich der allgemeine Gesundheitszustand der Menschheit verbessern soll. Immer klarer wird erkannt, dass die Grundlagen physischer, emotionaler und mentaler Gesundheit bereits vor der Geburt gelegt werden, und dieses Buch wirft ein spannendes Licht darauf, wie diese Grundlagen geschaffen werden.

Studien wie diese helfen, das Wunder der Geburt besser zu verstehen, und stärken damit das Ansehen der Mutterschaft, was ganz gewiss ein Kennzeichen wahrhaft zivilisierter Gemeinschaften ist. Besonders anregend sind solche Studien für alle, die aktiv mit Müttern und Säuglingen zu tun haben.

Dabei ist zu beachten, dass dieses Buch die Beobachtungen nur eines einzigen Falles enthält und die angewandte Methodik daher das Problem aufweist, dass weitere Forschungen unweigerlich Fehler im Detail zeigen werden. Dem Wert dieses Werkes tut dies allerdings nicht den geringsten Abbruch.

Wenn ein Hellsichtiger seinen Platz unter anderen wissenschaftlich Forschenden einnimmt, wie Mr. Hodson dies tut, erinnert man sich mit Verwunderung, dass Hellsichtigkeit vor noch gar nicht allzu langer Zeit gemeinhin als schwarze Kunst galt.

Es erscheint wahrscheinlich, dass Fortschritte in der Heilkunst nun eher in einem Sinne erfolgen müssen, die das Leben in den Blick nimmt und nicht nur die Form, in die es Einzug hält. Wenn dem so ist, dann werden Hellsichtige uns in naher Zukunft wertvolle Dienste leisten, indem sie uns mit Wissen über das komplizierte Wirken der Natur versorgen und es uns damit möglich machen, sie besser zu verstehen und mit ihr zusammenzuarbeiten.

Ich hoffe, dass Mr. Hodson schon bald die Ergebnisse weiterer Forschungen veröffentlichen wird.

C. V. Pink, Lizenziat des Royal College of Physicians,
Member of the Royal Colleges of Surgeons
(etwa: Facharzt für Chirurgie)
London 1929

Vorwort

Dieser Bericht über hellsichtige Forschungen wird in der Hoffnung veröffentlicht, das Allgemeinwissen zum Thema Elternschaft durch eine Studie dazu aus theosophischer Sicht erweitern zu können.

Eines der zahlreichen Ereignisse, die sich in der heutigen Zeit des Übergangs von der alten zur neuen Kultur abspielen, ist die Entstehung eines neuen Menschentyps. Nach theosophischer Lehre werden die Männer und Frauen dieses neuen Typs die Pioniere und Erbauer einer neuen Kultur sein. Die Theosophie lehrt, dass der Evolutionsprozess ein zweifacher ist; er besteht einerseits aus der Entwicklung von Leben und Bewusstsein und andererseits aus einem Heranwachsen zu einer bestimmten Stufe der Vervollkommnung von Materie und Form. Idealerweise sollten diese beiden komplementären Entwicklungen miteinander Schritt halten, damit das sich entwickelnde Bewusstsein die passende Materie für die Erschaffung der Hüllen oder Träger vorfindet, in die es inkarniert.

Wenn man dieser Ansicht folgt und sie auf das menschliche Leben anwendet, wird sofort erkennbar, wie hochwichtig es ist, dass der Körper der Kinder des Neuen Zeitalters aus dem feinsten Stoff geschaffen sowie unter den denkbar günstigsten Umständen empfangen, geboren und umsorgt wird.

Pflicht und Verantwortung aller, die das Amt der Elternschaft übernehmen, wiegen daher schwer. Für das fortgeschrittene Ich dieser Kinder, die die Menschheit zur Errichtung der neuen Kultur führen sollen, bedarf es reiner, empfindsamer, verfeinerter und gesunder Körper. Solche Körper können nur von Eltern hervorgebracht werden, die sich ihrer Verantwortung gegenüber der Menschheit bewusst sind. Die Eltern der Kinder des Neuen Zeitalters müssen sich von den höchsten spirituellen Ideen leiten lassen und begreifen, dass die Schöpferkraft des Menschen ein göttliches Attribut ist.

Der Versuch einer hellsichtigen Studie über Entstehung und Entwicklung des mentalen, emotionalen und physischen Körpers des Menschen in der intrauterinen Phase – von deren Ergebnissen dieses Buch handelt – zeigt die enorme Bedeutung der mentalen und spirituellen Einstellung der Eltern.

Ehe und Elternschaft sind tatsächlich sakramentaler Natur; Mutterschaft ist heilig und sollte geehrt werden. Kinder sollten aus Verbindungen hervorgehen, die von der tiefsten und selbstlosesten Liebe sowie den höchstmöglichen geistigen Idealen beseelt sind, denn so – und nur so – kann sich die Verheißung einer edleren Menschheit in unmittelbarer Zukunft erfüllen und können die Kinder der neuen Menschheit geboren werden.

Teil Eins

1

Der Mensch

Für ein klares Verständnis der theosophischen Konzeption von Sinn und Prozess der Inkarnation ist an dieser Stelle ein kurzer Überblick über die Lehren der Uralten Weisheit zu diesem Thema erforderlich.

Wir leben in einem Zeitalter, in dem es im Westen üblich geworden ist, den Menschen als Körper zu betrachten. Die Seele denkt man sich wahrscheinlich einem Fesselballon ähnlich, der über dem Kopf des Körpers irgendwo im Unsichtbaren schwebt. Wer überhaupt noch an eine Seele denkt, hat im Allgemeinen die Vorstellung, dass der Mensch ein Körper *ist* und eine Seele *hat*. Die Theosophie kehrt diese Aussage um und sagt, der Mensch *ist* eine Seele und *hat* einen Körper. Paulus drückte es so aus: „Gibt es einen natürlichen Leib, so gibt es auch einen geistlichen Leib." (1. Korinther 15, 44) Die theosophische Definition des Menschen lautet: „Der Mensch, ganz gleich in welchem Teil des Universums er sich befindet, ist jenes Wesen, in welchem höchster Geist und niederste Materie kraft des Verstandes vereint sind." Die Uralte Weisheit, deren Vertreterin die moderne Theosophie ist, lehrt, dass das wahre Selbst des Menschen tief verborgen hinter Schleier um Schleier aus Materie unterschiedlicher Dichtegrade liegt.

Der Prozess des Geborenwerdens ist äußerst komplex, denn außer in seinen physischen Körper wird der Mensch auch in seine anderen Hüllen inkarniert. Die Hülle, durch die seine Gefühle zum Ausdruck kommen, kann als Emotionalkörper, und die, durch welche seine Gedanken formuliert werden, als Mentalkörper bezeichnet werden. Er selbst, das eigentliche Ich, weilt in einer noch höheren und feinstofflicheren Region in einer Hülle, welche als Kausalkörper bezeichnet wird. Die wahre Seele des Menschen lebt daher in den übermentalen Welten, und auf dieser Ebene manifestieren sich die göttlichen Attribute Wille, Weisheit und Intelligenz wesentlich leichter als dies in den unteren Welten möglich ist, wo die Dichte der Materie sie unserem Blick verbirgt.

Sinn und Zweck der Evolution des Menschen – und auch des Universums – ist es, dass diese drei Attribute der Dreieinigkeit immer strahlender und kraftvoller aufleuchten. Die Methode der Evolution ist eine Aneinanderreihung von mehrfachem Leben und Sterben in der mentalen, emotionalen und physischen Welt.[1]

Der Mensch ist der *Verlorene Sohn* aus dem Gleichnis. Jeder Mensch verlässt seine geistige Heimat und wandert hinaus und hinab in die Tiefen des materiellen Universums. Dabei kleidet er sich in Körper um Körper, bis schließlich der dichteste erreicht ist. „Und er begehrte, seinen Bauch zu füllen mit den Schoten, die die Säue fraßen". (Lukas 15, 16) Nach

1 Für ausführliche Informationen zu diesem Thema seien die Leserinnen und Leser auf die theosophische Literatur verwiesen.

vielen Hundert solcher Inkarnationen beginnt er schließlich, die Lektion von der Unwirklichkeit und Vergänglichkeit aller körperlichen Freuden zu begreifen. In ihm entsteht eine Sehnsucht nach dauerhafterer und anhaltenderer Freude. In diesem Moment spricht er: „Ich will mich aufmachen und zu meinem Vater gehen und zu ihm sagen: Vater, ich habe gesündigt gegen den Himmel und vor dir. Ich bin hinfort nicht mehr wert, dass ich dein Sohn heiße." Er lernt, dass das „Paradies" nur „wiedererlangt" werden kann, wenn er sich aus den Fesseln des Verlangens, mit denen er sich an die Erde gekettet hat, zu befreien vermag. Eine um die andere muss er sie von seinen Gliedmaßen abstreifen; er muss jede fleischliche Schwäche überwinden, jedes Verlangen besiegen und reinigen, jeden Gedanken kontrollieren und vervollkommnen.

Nach und nach schimmert dann das Licht des wahren Menschen, das unsterbliche Ich, durch die Hüllen hindurch; und ein wenig von der Kraft, von dem Frieden und der Glückseligkeit, die seine wahre Heimat in den höheren Welten kennzeichnen, wird allmählich auch in den niederen Welten erkennbar und erfahrbar. Ja, er begibt sich auf den „Rückweg", der ihn zur vollständigen Befreiung von allen irdischen Sorgen, von allen körperlichen Einschränkungen zu ewigem Glück und Frieden führen wird. Am Ende seiner Reise, wenn alle Aufgaben erfüllt und alle menschlichen Lektionen gelernt sind, wird er schließlich aufgenommen werden. Er wird an der Seite seines Vaters stehen, „vollkommen, wie der himmlische Vater vollkommen ist". (Matthäus 5, 48)

Nicht mehr bedarf er, was ihr Leben nennt;
Das, was in ihm begann, als er begann,
Ist aus. Erfüllt hat er den Zweck von dem,
Was ihn gemacht zum Mann.

Ihn wird kein Schmerz mehr quälen, Sünde nicht
Beflecken, ird'scher Luft und Leiden Heer
Ihm ew'gen Frieden stören; nicht zurück
Kehrt Tod und Leben mehr.

Ein geht er ins Nirvâna, selig eins
Mit allem Leben; selbst doch lebt er nicht.
OM MANI PADME HUM! Der Tropfen Tau
Rinnt in ein Meer von Licht.[2]

2 Aus Sir Edwin Arnold, *Die Leuchte Asiens*, aus dem Englischen von Konrad Wernicke, Phänomen-Verlag Norina Ebele 2011, S. 190

2

Eine Theorie über die schöpferische Funktion des Menschen

Die zweigeschlechtliche Fortpflanzungsmethode hat sich für die Menschheit über alle Zeiten hinweg als starker Leidensquell erwiesen, und es sei dem Schüler verziehen, wenn er fragt, ob die vorteilhaften Folgen, die durch ihre Ausübung erzielt werden, von ausreichendem Wert sind, sodass sie die dadurch ausgelösten Übel aufwiegen könnten. Eine eingehendere Untersuchung des Themas aus theosophischer Sicht zeigt jedoch, dass nicht die Methode die vielen Übel verursacht, die mit der schöpferischen Funktion in Verbindung gebracht werden, sondern vielmehr ihr Missbrauch Ursache sehr vieler Missstände unter den Menschen ist.

Diese Übel sind heute so augenfällig, dass es dringend geboten scheint, unsere Einstellung zur gesamten Frage des Geschlechtsakts drastisch zu verändern. Es sollten Anstrengungen unternommen werden, die schöpferische Funktion des Menschen von der Hässlichkeit, Lasterhaftigkeit und Unreinheit, die sich mit ihr verbunden haben, zu befreien.

Die Schöpferkraft ist eines der im höchsten Maße göttlichen Attribute, die der Mensch besitzt. In Ausübung dieser Kraft vollzieht er mikrokosmisch das große makrokosmische Schöpfungsgeschehen nach. Die Verschmelzung von männlichem und weiblichem Organismus spiegelt im Physischen die Vereinigung des ersten und dritten Aspekts des Logos wider, aus welcher der zweite hervorgeht. Sie ist der sakramentale Nachvollzug des großen Schauspiels von der Erschaffung der Welt. Wenn sie mit dem Motiv reiner und gegenseitiger Liebe vollzogen wird, werden die beiden Hälften Gottes, wie sie in Mann und Frau repräsentiert sind, miteinander vereint.

Idealerweise sollte diese Verschmelzung auf allen Ebenen der Natur erfolgen, auf denen der Mensch sich manifestiert. Je weiter der Einzelne sich entwickelt, desto höher sollte die Ebene dieser Verschmelzung angehoben werden. Beim unentwickelten Menschen ist die Vereinigung weitgehend physisch und emotional. Beim kultivierten Menschen ist die mentale Welt ebenfalls beteiligt, und es wird ein gewisses Maß an geistiger Vereinigung erreicht. Der entwickelte Mensch, der sich dem intuitiven Bewusstsein angenähert hat, sollte eine Verschmelzung auf der geistigen wie auf allen darunterliegenden Ebenen anstreben und erreichen. Wenn die ideale Vereinigung vollzogen ist, werden die beiden menschlichen Prinzipien aufeinander eingestimmt, schwingen schließlich synchron und verschmelzen zu einem.

Wenn Organe entgegengesetzter Polarität miteinander vereinigt werden, findet eine Kraftübertragung von oben statt. Grad und Qualität der übertragenen Kraft hängen davon ab, auf welcher Bewusstseinsebene die Vereinigung vollzogen wurde. Beim Menschen führt diese Kraftübertragung zu einer Bewusstseinserweiterung, die in eben dem Maße verwirklicht werden kann wie die Vereinigung eher geistiger denn physischer Natur und Motivation war. Um den größtmöglichen Nutzen daraus zu ziehen, muss das Bewusstsein von der physischen Ebene ab- und der geistigen zugewandt werden. Dann wird Kraft von höchster Ebene freigesetzt, es wird die größtmögliche Bewusstseinserweiterung erreicht, und es werden die besten Bedingungen für den Aufbau der Körper des inkarnierenden Ichs geschaffen.

Beim heutigen Wissens- und Entwicklungsstand des Menschen ist nicht zu bestreiten, dass die zweigeschlechtliche Fortpflanzungsmethode für die gesamte Menschheit einen Quell umfangreicher Problematik darstellt. Wenn wir jedoch die Idee akzeptieren, dass mentale und geistige Verschmelzung die körperliche Vereinigung begleiten sollten, erkennen wir, dass dies wohl so eingerichtet worden ist, um der Menschheit zu Bewusstseinserweiterung und Erkenntnis der Einheit zu verhelfen – und zwar gerade dadurch, dass sie diese im häufig wiederholten Fortpflanzungsakt tatsächlich erlebt.

Der Missbrauch des Geschlechtsakts war fast unvermeidlich und muss vorgesehen gewesen sein. Trotz des verbreiteten Elends, das dieser Missbrauch hervorgebracht hat, hat die Methode in der Entwicklung der Menschheit eine große Rolle gespielt und wird zweifellos eine noch größere Rolle spielen, wenn ihre höheren Möglichkeiten erst erkannt worden sind.

Hellsichtige Forschungen lassen darauf schließen, dass das Prinzip, wonach die vollkommene Synchronisation eines entgegengesetzt polarisierten Paares Energie aus den höheren Ebenen freisetzt, in der gesamten Natur gilt. Zum Beispiel erfährt das Leben hinter der Pflanzenform bei jeder Befruchtung eine erkennbare Erregung durch die planetaren Lebenskräfte. Diese Reaktion beschleunigt seine Evolution mit jedem Mal. Die höher entwickelten und empfindungsfähigeren unter den heutigen Pflanzen reagieren bereits in zunehmendem Maße auf diesen Kraftübertragungsreiz. Bei künftigen Menschheiten wie auch in künftigen Zyklen[3] wird die Reaktionsfähigkeit im Pflanzenreich und in anderen Reichen der natürlichen Welt ganz von selbst immer stärker und bewusster werden.

Die Akzeptanz dieser Sexualtheorie bringt den Menschen in eine Position schwerwiegender Verantwortung für Gebrauch und Missbrauch seiner Schöpferkraft. In allen Bereichen der Natur ist allein der Mensch bei der Ausübung seiner Fortpflanzungsfunktion sich seiner selbst bewusst und selbstgesteuert. Der durch Unkenntnis der tieferliegenden geistigen Bedeutung verübte Missbrauch der großen Kräfte, die am Zeugungsakt beteiligt sind, hat tatsächlich schwerwiegende Folgen – sowohl für den Einzelnen als auch für die Menschheit. Die Gesundheit wird beeinträchtigt – körperlich, psychisch und moralisch. Es folgt ein Niedergang geistiger, mentaler und physischer Fähigkeiten. Die feine Spitze allen menschlichen Vermögens wird stumpf. Schärfe, Genauigkeit, Tiefe und Geistesgröße, welche die Gedankenkraft des sich entwickelnden göttlichen Wesens, das der Mensch ja ist, kennzeichnen sollten, weichen allmählich Mittelmäßigkeit und geistiger Trägheit.

Die neuen Körper, die von jenen erzeugt werden, die ihre Schöpferkraft gewohnheitsmäßig missbrauchen, versagen kümmerlich, wenn sie dem innewohnenden Gottwesen, das in ihnen inkarniert werden soll, einen passenden Tempel zur Verfügung stellen sollen. Die geistige Atmosphäre des Zuhauses und der Umgebung, in der sich solche Praktiken abspielen, beeinträchtigt nicht nur die heranwachsenden Kinder, die für solche unsichtbaren Einflüsse äußerst empfänglich sind, son-

---

3 Siehe Curuppumullage Jinarajadasa, *Die okkulte Entwicklung der Menschheit* (Deutsche Erstausgabe als *Grundlagen der Theosophie*, dt. Übersetzung Ernst Keske und Leopold Göbel, Ring-Verlag 1926)

dern auch alle, die in die Reichweite ihrer unreinen Ausstrahlung geraten.

Diese Bedingungen werden in ihrer Intensität noch gesteigert durch die Anwesenheit bestimmter Elementarwesen[4], die sich in dieser Atmosphäre, welche sie als außerordentlich angenehm und anregend empfinden, suhlen. Die Elementarwesen wiederum steigern die Reichweite und Dichte dieser Atmosphäre sowie ihre Kraft, andere in ihrem Denken, Empfinden und Leben zu beeinflussen. Was dies bedeutet, wird leichter erkennbar, wenn wir in einem späteren Kapitel die Prozesse betrachten, mit denen die feinstofflicheren Hüllen und der physische Körper des Kindes aufgebaut werden.

So ernst die Auswirkungen des unwissentlichen Missbrauchs der Schöpferkraft auch sind, setzt man den Missbrauch fort, nachdem und obwohl man das entsprechende Wissen erlangt hat, so sind die Folgen dessen geradezu unendlich gravierender. Für die Entwicklung des Einzelnen, den Fortschritt der Menschheit und für den Aufbau der neuen Kultur ist es daher äußerst wichtig, dass alle, denen das Interesse der Menschheit am Herzen liegt, das Ideal sexueller Reinheit annehmen und umsetzen. Vereinigung als Ausdruck reinster Liebe kann Leben und Bewusstsein derer veredeln und erheben, die Selbstkontrolle und den reinsten Ausdruck ihrer gegenseitigen Zuneigung erlangen. Die Vereinigung als bloße Befriedigung animalischer Leidenschaft dient lediglich der Erniedrigung von Körper und Geist. Sie besudelt das Ideal reiner und vornehmer Weiblichkeit, das seinen höchsten körperlichen Ausdruck in der Mutterschaft finden sollte.

---

4 Sich entwickelnde Intelligenzen, die jene feinstofflichen Welten bewohnen, welche Teil eines fünften Naturreichs, des Reichs der Elementarwesen, sind. Siehe Curu Jinarajadasa, *Die okkulte Entwicklung der Menschheit.*

Jede Frau ist Ausdruck und Repräsentantin des weiblichen Aspekts des Göttlichen. Mit der Geburt eines Kindes spielt die Frau ihre Rolle im ewigen Schauspiel der Schöpfung. Das Kind, das sie zur Welt bringt, ist ihr mikrokosmisches Universum. Elternschaft ist daher tatsächlich ein Sakrament und sollte nicht leichtfertig entweiht werden.

Wenn das Wissen wächst, Selbstkontrolle ausgeübt wird und die Liebe an Größe, Selbstlosigkeit und Schönheit gewinnt, wird dieses Ideal das Leben von Mann und Frau aufs Neue bestimmen. Dann wird eine schöne Menschheit geboren werden, welche die unsterbliche Schönheit der alten Griechen noch bei Weitem übertrifft. Wissen und Macht dieser nachgeborenen Menschen werden der Schönheit der Griechen hinzugefügt werden und mit ihr die Dreieinigkeit bilden, aus der allein eine vollkommene Menschheit und eine vollkommene Kultur entwickelt werden können.

Teil Zwei

Der Aufbau der Körper

Die in den folgenden Kapiteln enthaltenen Informationen wurden durch den Einsatz von Hellsehen[5] als Forschungsmethode gewonnen. Es wurde der Versuch unternommen, die verschiedenen Körper in unterschiedlichen Stadien des Inkarnationsprozesses, beginnend mit dem vierten Monat, hellsichtig zu untersuchen.

[Eine Beschreibung der ersten drei Monate im Mutterleib sowie aller vorgeburtlichen Monate durch den Autor findet sich in *Anhang B, Abstieg in die Inkarnation*, im hinteren Teil dieses Buches. Sie ist Geoffrey Hodson, *Lecture Notes*, entnommen.]

5 Siehe C. W. Leadbeater, *Hellsehen: wie ein höheres Bewusstsein entwickelt werden kann*, Aquamarin 2010.

3

Der Mentalkörper im vierten Monat

Im vierten Monat wurde der neue Mentalkörper als nahezu farblos, mit unscharfen Umrissen und von ungefähr ovaler Form wahrgenommen. An der Oberfläche war ein gewisses Schimmern mit einem Hauch von Farbe zu erkennen. Das Innere wies ganz zarte Nuancen von Blassgelb, Grün, Rosa und Blau auf, um den oberen Teil der Peripherie war etwas Violett vorhanden. Die Nuancen waren so zart, dass sie eher Andeutungen als klare Farben waren – Vorahnungen der Charakteristika des im Aufbau befindlichen Mentalkörpers.

Die Teilchen, aus denen der gesamte Mentalkörper bestand, befanden sich in einem Zustand rascher Bewegung, und an der Oberfläche hatte es nicht mehr als einen ersten Anschein geordneter Kraftzentren[6]. Im Inneren befand sich das schattenhafte Abbild einer menschlichen Gestalt, in der die Zent-

6 Siehe C. W. Leadbeater, *Die Chakras* und A. E. Powell, *Der Mentalkörper*, beide Aquamarin.

ren oder fötalen Chakras zu erkennen waren. Die Zentren im Kopf waren recht weit entwickelt, insbesondere das „Brahmarandhra“, und es schien, als ob in dessen Region an der obersten Stelle des Kopfes wie durch ein Loch ständig Kraft einströmte. Auch das fötale Kehlkopf-, Herz-, Solarplexus- und Muladhara-Zentrum waren zu sehen. Nur die Zentren im Kopf wiesen größere Aktivität auf, und selbst sie erfüllten offenbar noch nicht ihre eigentliche Funktion als Chakras. Das Ich arbeitete ständig intensiv an seinem Körper, ließ Kraft in ihn einströmen und lud seine Atome mit einer bestimmten Schwingungskraft auf.

Im Falle eines fortgeschrittenen Ichs wird auf diesen Prozess eine beträchtliche Menge bewusstes Wissen verwendet. Der entwickelte Mensch hat eine klare Vorstellung von dem Körper, den er braucht, und zeigt im Allgemeinen große Entschlossenheit, diesen auch zu bekommen.

Insgesamt erweckte der fötale Mentalkörper im untersuchten Fall den Eindruck einer schimmernden, leicht ovalen Blase mit einer Öffnung an der Oberseite. In diesen Durchlass strömte ständig eine Kraft ein, die wie ein Strom aus strahlend bunten Lichtteilchen aussah. In der Mitte dieser „Blase“ befand sich die schattenhafte menschliche Gestalt, und der herabfließende Strom drang am Scheitelpunkt des Kopfes in sie ein.

Insgesamt erweckte der fötale Mentalkörper den Eindruck einer schimmernden, leicht ovalen Blase mit einer Öffnung an der Oberseite. In diesen Durchlass strömte ständig eine Kraft ein, die wie ein Strom aus strahlend bunten Lichtteilchen aussah. In der Mitte dieser „Blase" befand sich die schattenhafte menschliche Gestalt.

Der Kausalkörper, die Hülle, die das inkarnierende Bewusstsein oder Ich dauerhaft bewohnt, war wesentlich größer als der neue Mentalkörper, den er teilweise einzuschließen schien, so als ob die obere Hälfte des Mentalkörpers mit der unteren Hälfte des Kausalkörpers zusammenfiele. Es war zu erkennen, dass der Einfluss des Ichs, wie oben beschrieben, in das obere Ende des Mentalkörpers einströmte. Die gesamte Erscheinung war umgeben von blendend hellem, gleißendem Licht, das zur Mitte des Kausalkörpers hin stärker wurde. Die einströmende Kraft hielt die Atome des Mentalkörpers in ständiger Bewegung, und wenn sie auf der Materie, aus welcher der Mentalkörper besteht, auftraf, bildete sie einen Strudel, in und durch den ständig weitere derartige Materie hinein- und angezogen wurde. Diese Bewegung hatte jedoch keine Auswirkungen auf die allgemeine Form, die, wie zuvor beschrieben, leicht oval blieb. In diesem Oval war die menschliche Gestalt zwar zu erkennen, aber man darf es sich dennoch nicht hohl vorstellen, sondern vielmehr als eine feste, wenngleich durchschimmernde Masse sich rasch bewegender Materie.

Jedes Atom des neuen Mentalkörpers durchlief den Strudel, und der einfließende Strom, der diesen erzeugte, wurde dadurch magnetisiert, leuchtete auf und verblasste allmählich wieder, wenn es in die anderen Körperteile wanderte. Die Farben in dem herabregnenden Strom schienen zu variieren, was darauf schließen ließ, dass das Ich bewusst ganz bestimmte Fähigkeiten einbaute und seinen Mentalkörper mit konkreten Schwingungen magnetisierte.

Zwischen dem wachsenden Mentalkörper des Kindes und dem Mentalkörper der Mutter fand ein ständiger Austausch statt. Ihre Verbindung bewirkte, dass der neue Körper Stabilität und Festigkeit gewann, während Glanz und Frische der kindlichen Aura der Aura der Mutter vermehrte Leuchtkraft verliehen. Es war interessant, die relative Festigkeit und Starrheit des älteren Mentalkörpers mit dem höchst dehnbaren und fließenden Zustand des neuen zu vergleichen.

Außerhalb dieses Tätigkeitsfelds waren bestimmte Engel[7] zu sehen. Ein Engel arbeitete auf der Mentalebene und war offenbar für den Aufbau der drei Körper zuständig; ein weiterer, von gewissermaßen untergeordneter Stellung, arbeitete auf der Emotionalebene. Der mentale Deva übte offenbar einen schützenden Einfluss aus und ließ nur bestimmte Schwingungen aus der äußeren Welt bis zum neuen Mentalkörper vordringen. Anscheinend verfügte er über die vollständige Kenntnis jener Einflüsse, die eine Folge früherer Inkarnationen sind sowie Größe und Aufbau des neuen mentalen, emotionalen und physischen Körpers bestimmen.

In der Aura des Engels waren einige frühere Persönlichkeiten des inkarnierenden Ichs erkennbar. Eine dieser Persönlichkeiten war offenbar die eines Mannes zu elisabethanischer Zeit, und es hatte den Anschein, als solle das neue Leben eine Fortsetzung der Arbeit und Entwicklung jener Inkarnation sein. Um dieses Bild eines früheren physischen Körpers in der Aura des Engels gruppierten sich zahlreiche weitere Gestalten von Männern und Frauen aus derselben historischen Epoche. Offenbar stellten sie jene Menschen dar, mit denen karmische Bande geknüpft worden waren. Manche lächelten, andere schauten missmutig drein und wieder andere wirkten neutral. Haltung und Gesichtsausdruck zeigten wahrscheinlich die karmischen Beziehungen untereinander und zu dem

7 Siehe meine Bücher *The Kingdom of Faerie* (1924, vergriffen; nicht ins Deutsche übersetzt), *Die Bruderschaft der Engel und der Menschen* (Mit einem Vorwort von Annie Besant, aus dem Englischen von O. S. Wittenau, Pieper 1928) und *Die Engel und die Entwicklung des Lebens*, aus dem Englischen von Astrid Ogbeiwi, Aquamarin 2004.

Ich an, dessen Abstieg in die Inkarnation Gegenstand dieser Untersuchung ist. Auf der Ebene des Kausalkörpers half ein weiterer großer Engel bei der Inkarnation, dem sämtliche früheren Leben und das gesamte Karma des Ichs bekannt waren. Er überreichte seinem Bruder auf der unteren Ebene jenen Teil des Karmas, der im kommenden Leben aufgearbeitet werden sollte.

So geschützt und geleitet, schritt die mentale Inkarnation voran. Die untergeordneten Devas ähnelten eher Hütern eines großen Lagerfeuers, in das sie ständig neues Material nachlegten. Diese neue Materie ging in den bereits beschriebenen Kreislauf des Mentalkörpers ein, durchlief schließlich den Strudel und wurde dann vom Ich weiter ausdifferenziert.

In dieser frühen Phase des Inkarnationsprozesses hatte das Ich sich anscheinend noch nicht vollständig in den Mentalkörper hineinbegeben, auch wenn es sehr aktiv an dessen Aufbau beteiligt war. Die schattenhafte Gestalt darin war jedoch bereits zu einem gewissen Grad Ausdruck und Hülle seines Bewusstseins, und nach und nach nutzte das Ich sie auch so.

4

Der Emotionalkörper im vierten Monat

Auf der emotionalen Ebene bestand die Arbeit des zuständigen Engels im Wesentlichen darin, unter den karmischen und umweltbedingten Umständen die bestmögliche Hülle zu formen. Kenntnisse über die karmische Situation, soweit sie den Emotionalkörper betraf, wurden von den Engeln auf der Mentalebene an ihn[8] weitergegeben. Man gestand ihm jedoch einen gewissen Ermessensspielraum zu, und der Engel nutzte jeden günstigen vorgeburtlichen Umstand sowie jeden vorteilhaften Einfluss im Umfeld der Inkarnationen, um die Auswirkungen früherer Leben abzumildern und den Emotionalkörper zu verbessern. Am eigentlichen Aufbau war dieser Engel allem Anschein nach nicht beteiligt. Wie wir später noch sehen werden, war dies die Aufgabe der unteren Naturgeister.

8 Das generische Maskulinum verwende ich hier lediglich aufgrund des üblichen Sprachgebrauchs; Engel haben kein Geschlecht.

Der Engel wachte in erkennbar mütterlicher Haltung über den heranwachsenden Astralkörper und behütete ihn soweit wie möglich vor allen schädlichen Einflüssen. Er ließ seinen eigenen Magnetismus großzügig auf die sich entwickelnde Gestalt einwirken und gab ihr so gut wie irgend möglich von seinen eigenen starken Lebenskräften ab. Zum Beispiel wickelte er den kleinen Astralkörper manchmal geradezu in sich ein, umschloss ihn mit seiner Aura und neigte ihm den Kopf zu, als wolle er ihn eine Zeit lang von allen Seiten vollständig umhüllen.

Dieser Engel ging mit einer wissenschaftlichen Einstellung an seine Arbeit, und obwohl er große Freude an ihr fand und dem Kind zärtlich zugetan war, vertrat er doch die geistige Haltung von jemandem, der gezielt bestimmte Kräfte einsetzt, um ein klar definiertes Ergebnis zu erreichen. Wenn die Umgebung eine reine spirituelle Energie bot, wie zum Beispiel dann, wenn die Mutter einen Gottesdienst oder eine andere geistliche Zusammenkunft besuchte, nahm er von dieser Energie so viel wie nur irgend möglich auf. Dann umfing er den Astralkörper in der oben beschriebenen Weise, sodass die Energie auf ihn einwirken und in ihn eingehen, ihn magnetisieren und etwaige schädliche karmische Tendenzen abmildern konnte. Damit wurden die Voraussetzungen dafür geschaffen, dass der entstehende Astralkörper stärker auf die höheren Schwingungen und damit zugleich schwächer auf die niederen reagieren würde.

In einem untersuchten Fall befolgten die Eltern bereits seit vielen Jahren ein regelmäßiges System täglicher Meditationen. Dies erwies sich als von unschätzbarem Wert, und der Engel schöpfte alle Vorteile bis zur Neige aus.

In den dicht besiedelten Regionen großer Städte besteht die Arbeit des Engels weitgehend darin, den Fötus und seinen Astralkörper vor schädlichen Einflüssen zu schützen. An Orten, an denen die geistige Atmosphäre besonders schädlich ist, kann der Engel ein oder mehrere Geschwister zu Hilfe rufen.

Er kann indirekt Einfluss auf den ätherischen und den dichten physischen Körper nehmen. Daher könnte er auf dieser Ebene die Folgen eines Unfalls der Mutter oder einer schädlichen Umgebung innerhalb der Karma-Grenzen des Ichs minimieren. Zum Beispiel könnte er in dem Fall, dass die Mutter einen Schlag oder Stoß erleidet, den Fötus durch den zuvor beschriebenen Prozess des Umfangens teilweise von der Mutter abschirmen und so die Folgen einer zu starken gegenseitigen Beeinflussung von Mutter und Kind verringern.

Der wichtigste Faktor in der gesamten Arbeit des Engels ist jedoch die Einwirkung seiner eigenen starken Lebenskraft auf und durch die Hülle, für die er zuständig ist.

Der Astralkörper des Kindes ist offenbar in dem der Mutter enthalten. In dem Fall, dem diese Beschreibungen entlehnt sind, nahm er im fünften Monat eine Position ein, die etwa dem Raum vom oberen Drittel der Oberschenkel bis zum unteren Rippenbogen entspricht. Er lag offenbar leicht schräg, wobei seine Achse horizontal in einem Winkel von etwa 45 Grad zum Körper der Mutter geneigt war. Der obere Pol befand sich auf der linken Seite. Seiner Erscheinung nach war er ein kleines Oval von etwa dreißig Zentimetern Länge, fast ganz weiß und in gewisser Weise glänzend. In seinem Inneren zeichnete sich vage eine kleine menschliche Gestalt ab, die in diesem Stadium erst teilweise definiert war.

Es war zu beobachten, dass der Lebensstrom des Ichs an der höchsten Stelle in den Astralkörper eintrat und sich bis in die Kopfmitte ergoss. Bis jetzt war er noch nicht über einen Punkt in der Kopfmitte hinausgekommen, wo er sich zu einer Kugel verbreiterte. Von dort verlief ein winzig kleiner

Prozess nach unten, der einer feinen Wurzel ähnelte und im fünften Monat schließlich bis in die Kehle gelangt war, wo er sich anscheinend wiederum erweiterte, nicht zu einer Kugel, sondern in Form von Verzweigungen, von denen drei zu erkennen waren. Dieser Prozess mit seinen Verzweigungen war golden und leuchtete, und als er sich weiter in den Körper hinein ausdehnte, entstand ein Netzwerk, das sich im weiteren Verlauf der Ausformung des Körpers immer weiter ausbreitete und enger verflocht.

Die zentrale astrale Gestalt stand in einer räumlichen Beziehung zum dichten physischen und zum ätherischen Körper, die sie beide durchdrang und umgab. Die permanenten astralen und ätherischen Atome befanden sich in dieser Phase innerhalb der oben erwähnten ersten Erweiterung des einfließenden Lebensstroms des Ichs, nämlich in der Kopfmitte, die zugleich die Mitte des physischen Kopfes des Fötus‘ war.

Die Aura der Mutter durchdrang die des Kindes offenbar nicht ohne weiteres. Es gab zwar eine gewisse Vermischung, doch der Emotionalkörper der Mutter umfloss den des Kindes von außen und wurde durch die in ihm wachsende Gestalt sichtlich vergrößert.

In den dicht besiedelten Regionen großer Städte besteht die Arbeit des Engels weitgehend darin, den Fötus und seinen Astralkörper vor schädlichen Einflüssen zu schützen.

5

Die Arbeit der Naturgeister, wie sie im vierten Monat beobachtet wurde

Das physische Prana der Mutter wurde auch an den Fötus weitergegeben und durchströmte ihn in diesem Stadium gemeinhin ohne klar erkennbare Kanäle. Zum größten Teil wurde es dem Solarplexus der Mutter entnommen und an eine entsprechende Stelle im Fötus geleitet, von wo es sich ungehindert über dessen gesamte Gestalt ausbreitete. Im Kopf des Fötus' gab es allerdings eine leicht erhöhte Prana-Konzentration, wobei das Milz- oder Solarplexus-Chakra zu diesem Zeitpunkt noch nicht aktiv war. Die Anwesenheit des Kindes in der Mutter forderte erkennbar viel von ihrer Vitalität. Allerdings wurde die Mutter auch in die Lage versetzt, verhältnismäßig mehr davon aufzunehmen und zu verarbeiten.

Auch die ätherischen Naturgeister lieferten eine gewisse Menge an Lebensenergie. Der Fötus erhielt sie immer dann, wenn die Naturgeister die ätherische Materie in seiner leuchtenden Gestalt ablegten.[9] Aufgenommen wurde sie von ihnen in der Phase, in der sie Material zusammentrugen. Durch diesen Prozess vergrößerte sich ihr winziger Körper und leuchtete, und auch das ätherische Doppel des Fötus' leuchtete an den Stellen auf, an denen sie die Teilchen und die Lebenskraft an ihn abgaben.

Diese erbauenden Naturgeister waren im Mutterleib auf der Astralebene zu erkennen, von der aus sie offensichtlich arbeiteten. Manchmal sahen sie aus wie Blitze schimmernden Lichts, andere Male wie farbige Leuchtpunkte, die eilig herumwimmelten und den Eindruck großer Geschäftigkeit erweckten. Die einzelnen Lichtblitze hatten jeweils eine hellere Mitte von etwa ein bis zwei Millimetern Durchmesser, umgeben von einer winzigen Aura, die etwa dreimal so groß war wie das leuchtende Zentrum. Die erbauenden Naturgeister nahmen auch Materie von außen in sich auf, assimilierten sie und lagerten sie im Fötus ab. Die Absorption erfolgte in den Freiräumen in und um die Gebärmutter. Sie „fingen" und absorbierten die einströmende Materie, die durch die Kraftströme und mit diesen zum Fötus hingeleitet wurde. Anschließend durchlief die Materie einen verdauungsähnlichen Assimilierungsprozess. Wenn dieser Prozess abgeschlossen war, kehrten die Naturgeister zum Fötus zurück, sanken in ihn ein und deponierten dabei das neue Material.

Hunderte dieser winzigen Geschöpfe waren am Werk; alle hatten dieselbe Erscheinung, und alle arbeiteten nach derselben Methode. Doch die einströmende Materie lief nicht immer über sie. Wie zuvor beschrieben, gelangte ein Teil direkt an die richtige Stelle, andere Materie hingegen trat in den Be-

---

9 Eine ausführliche Beschreibung dieses Vorgangs, wie er ähnlich auch im Pflanzenreich abläuft, finden Sie in meinem Buch *The Kingdom of Faerie*.

reich der Gebärmutter ein und verharrte dort in der Schwebe, bis die Naturgeister sie assimilierten und in den Fötus einbauten.

Auf der ätherischen und der Astralebene war in der Nähe des Mutterleibs ein deutlicher Ton zu vernehmen. Er ähnelte einem sanften Summen, wie man es nicht unähnlich bei einem Bienenstock vernimmt, und ging hauptsächlich vom permanenten Atom aus; doch da das gesamte ätherische Doppel des Fötus und die an ihm arbeitenden Naturgeister ebenfalls mit derselben Frequenz schwangen, war der Mutterleib ganz erfüllt von diesem ätherischen Klang.

Diese Schwingung übte sowohl formgebenden als auch schützenden Einfluss aus. Sie beeinflusste fortwährend die Gestalt des heranwachsenden Körpers und erhielt zugleich innerhalb ihres Einflussbereiches Umweltbedingungen aufrecht, in die nur harmonische Schwingungen und darauf „abgestimmtes" Material hineingelangen konnten.

6

Der ätherische und der dichte Körper im fünften Monat

Mit Erreichen des fünften Monats waren in allen in den vorangegangenen Kapiteln beschriebenen Prozessen deutliche Fortschritte erzielt worden. Das Bewusstsein des Ichs reichte allmählich bis zur emotionalen Ebene und nahm direkten Einfluss auf den Aufbau des Emotionalkörpers. Aufbau und Wachstum der mentalen Hülle waren ausreichend fortgeschritten, sodass das Ich seine Aufmerksamkeit davon abziehen konnte.

Der Kommunikationskanal zwischen dem Ich und dem Fötus war nach und nach breiter geworden. Im vierten Monat hatte diese Verbindung, die sich als blausilberner Lichtstrahl zeigte, knapp vier Zentimeter Durchmesser gehabt, im fünften war sie hingegen auf gut sechs Zentimeter angewachsen. Auf seinem Weg aus den höheren Welten drang der Lichtstrahl auf der linken Seite, leicht nach hinten versetzt, etwa auf der Höhe des Übergangs von den Brust- zu den Lendenwirbeln, in den mütterlichen Körper ein. Er streifte den oberen Außenrand des Milz-Chakras und drang dann in den Kopf des Fötus ein.

Die Gestalt des physischen Körpers wird durch die ätherische „Gussform" bestimmt, in die er von den Naturgeistern hineingebaut wird. Diese Gussform wird zum einen durch die formgebende Kraft der „Klang"-Schwingung[10] der Zygote, also der befruchteten Eizelle, und des permanenten Atoms erzeugt, zum anderen durch die Herren des Karmas, die sie entsprechend dem Karma des Einzelnen formen. Sie erhält ein gewisses elementares Eigenleben, und in ihr schlägt sich in menschlicher Gestalt das physische Karma des Betreffenden nieder. Sie ist passiv in dem Sinne, dass sie nicht den Anstoß zu einer Handlung zu geben vermag, hat aber positiven Einfluss auf das Wachstum des Fötus.

Diese ätherische Gussform könnte unter anderem die Funktion haben, dafür zu sorgen, dass der Fötus die sich wiederholenden früheren Evolutionsstadien bis zur heutigen menschlichen Gestalt sicher abwickeln kann. Die Gussform selbst durchläuft diese Stadien anscheinend nicht, obwohl sie das vollständig entwickelte kindliche Erscheinungsbild erst nach und nach annimmt. Außerdem hat sie hemmende Funktion, wodurch sie verhindern kann, dass bestimmte Einflüsse und Zustände der Mutter sich auf den Fötus auswirken können. Falls die Mutter zum Beispiel einen Schlag oder Stoß erhält, fungiert sie als Kissen oder Puffer. Einflüsse, die im Karma des Ichs begründet liegen, gelangen jedoch hindurch und verändern sowohl die ätherische Hülle als auch das Wachstum des Fötus.

Im untersuchten Fall befand sich die Gussform innerhalb der Gebärmutter und sah aus wie die Umrisse eines Babys, die sich vor weißem Licht abzeichnen. Sie bestand aus äthe-

---

10 Siehe Kapitel Fünf.

rischer Materie, die an der Außenseite zu einer Abdeckung oder „Haut“ verdichtet war. So entstand der Eindruck eines schimmernden, weißen, in Mondlicht getauchten Babys, das mit leicht unterschiedlich verteilter Intensität leuchtete. Die Gesichtszüge waren schwach erkennbar, aber noch nicht klar definiert.

Der Aufbau des physischen Körpers in der Gebärmutter schritt erkennbar voran. Viele Kraftströme flossen in ihm zusammen, und auf der physischen, der ätherischen und der Astralebene herrschte eine rege Aktivität der erbauenden Naturgeister. Der Fötus wirkte wie ein Magnet, der die Materieteilchen kontinuierlich anzog. Diese Materieteilchen ließen sich bis zu dem Moment, in dem sie sich ansammelten und ihre endgültige Position im Körper einnahmen, hellsichtig nachverfolgen. Die durch das vorherige Aussenden der erwähnten „Klang“-Schwingungen aufgebauten Kraftströme übten anscheinend anziehende Wirkung auf diese Materie aus und lenkten sie entsprechend ihrem Typus und ihrer Schwingungsrate in verschiedene Körperteile.

Auch das Ich wirkte über den zuvor beschriebenen Lichtstrahl auf diese Materie ein. Es war zu beobachten, dass ständig Ichkraft an dem Strahl entlang nach unten floss und den einströmenden Teilchen ihre eigene Schwingung mitgab. Die Materie wurde von überallher angezogen, strömte rasch auf den mütterlichen Körper zu, wurde von den Kraftströmen in unmittelbarer Nähe des Fötus eingefangen und im heranwachsenden Körper an Ort und Stelle geleitet. Ein solcher Kraftstrom verband sich mit dem ätherischen Doppel des Beobachters – mit der Folge, dass ätherische Materie aus seinem Körper, die der Schwingungsfrequenz dieses Stroms entsprach, in den Körper des Fötus geleitet wurde.

An einer Stelle im Fötus, die ungefähr dem Solarplexus entspricht, bildete das Ende des Lichtstrahls vom Ich zur Mutter ein astral-ätherisches „Herz“. Auch ein Großteil der Lebensenergie konzentrierte sich in diesem Zentrum und wurde von dort aus weiterverteilt zur Anregung des physischen Zellwachstums, zur Vitalisierung des Körpers und zur Verstärkung der ursprünglichen Anziehungskraft, die ätherische Materie in die Gebärmutter zieht.

Im Moment der Befruchtung fährt ein Lichtblitz von der höchsten geistigen Ebene des Ichs herab in das Spermium, verleiht ihm seinen schöpferischen Impuls und seine kreative Energie und stellt die Antriebskraft für die oben beschriebenen Prozesse zur Verfügung.

Die Anziehungskraft wird in dem Moment freigesetzt und aktiv, in dem durch die Verbindung der positiven und negativen Kräfte von Spermium und Eizelle ein Wesen entsteht. Die Verbindung der beiden Kräfte unter diesen besonderen Bedingungen – das heißt, wenn biologische Energie oder Triebkraft dahintersteht – löst einen Kraftstrom von der Astralebene aus. Sobald dies eintritt, wird in den Fällen, in denen ein Ich inkarnieren soll, das physische permanente Atom, in dem physische Erfahrungen aus früheren Leben gespeichert sind, sofort mit der Zygote verbunden. Von diesem Augenblick an wird die Anziehungskraft aktiv. Sie gehört zur Schwingungsordnung der Klänge und „ruft“ die unterschiedlichen Naturgeister herbei, da verschiedene Schwingungsarten ausgesandt werden.

Außerdem errichtet sie eine ätherische Abschirmung, innerhalb derer die Aufbauvorgänge wie zuvor beschrieben stattfinden können. Wenn sie auf die Umgebungsmaterie auftrifft, prägt sie dieser ihre eigene Schwingungsfrequenz auf und bereitet sie damit für die Assimilierung durch die Naturgeister vor. Der Kraftstrom vom Astralen zum Ätherischen verstärkt sich mit dem Wachstum des Fötus, sodass der

Einflussbereich der Anziehungskraft sich allmählich auf die gesamte Größe der Gebärmutter ausdehnt.

Mit fortschreitendem Wachstum und der Herausbildung spezialisierter Organe kommen neue Schwingungsreihen zu den bereits existierenden hinzu, und andere Naturgeister und Materie werden angezogen.

Es war zu beobachten, dass der Lebensstrom des Ichs an der höchsten Stelle in den Astralkörper eintrat und sich bis in die Kopfmitte ergoss.

7

Der sechste Monat

Als es auf den siebten Monat zuging, war auf allen Ebenen eine beträchtliche Zunahme der Aktivität zu beobachten. Alle zuvor bereits beobachteten Prozesse beschleunigten sich, und das Ich ließ mehr eigene Lebensenergie in seine Körper einströmen.

Der Brennpunkt des Ich-Bewusstseins hatte sich vom Mental- in den Astralkörper verlagert, den es bald darauf wieder verließ, um sich im Ätherkörper anzusiedeln. Inzwischen war der Astralkörper so weit, dass er dem Ich in erheblichem Ausmaß als Gefäß zur Aufnahme von Einflüssen aus der Astralebene dienen konnte. Die Einwirkung von Schwingung und Bewusstsein durch ihn erzeugte klar definierte Organfunktionen, und allmählich wurden die Chakras erkennbar.

Auch das Ich selbst wurde lebendiger und reagierte auf seiner Ebene stärker auf äußere Einflüsse. Es wurde sehr viel einfacher, Kontakt zu ihm aufzunehmen und eine gewisse

Reaktion zu erhalten. Die positiven Fortschritte bei Bau und Wachstum der neuen Hüllen machten es dem Ich offenbar leichter, auf der Kausalebene Kontakt zum Leben aufzunehmen.

Das konkrete Ich, dessen Inkarnation hier beobachtet wurde, war von einer gewissen Würde, charakterlichen Schönheit und Willenskraft. Seine im höchsten Maße idealisierte menschliche Gestalt war auf der Kausalebene wahrnehmbar. Gesicht und Augen strahlten und waren von wunderbarem Ausdruck, sie leuchteten vor Liebe und Güte und glühten doch zugleich vor Kraft. So wie sie sich meinem physischen Gehirn einprägte, war die kausale Gestalt weniger eine vollständige menschliche Form als vielmehr ein schönes Gesicht mit schönen Augen – sozusagen das Antlitz des „Gottes im Inneren".

Der engere Kontakt, den ich in diesem Stadium mit dem Ich erzielen konnte, ermöglichte mir eine gewisse Teilhabe an den Umständen, die mit der neuen Inkarnation verknüpft waren. Im Wesentlichen entstand der Eindruck einer Person, die aus einem langen und wunderbar erfrischenden Schlaf erwachte und sich vollständig erholt, strahlend frisch, vital und kraftvoll fühlte. Das Ich, das solchermaßen erwachte, schien sich zu voller Größe aufgerichtet zu haben und stand nun erwartungsvoll an der Schwelle seines neuen Inkarnationszyklus. Seine ganze Ausstrahlung hatte etwas Morgendliches, wie bei einem wunderbaren Sonnenaufgang im Frühling. Mit dieser Geburt waren große Hoffnungen verbunden. In der langen Stille der himmlischen Ruhe waren Pläne gereift. Das Bewusstsein strahlte vor lauter großer Vorhaben und wunderbarer Möglichkeiten zum Selbstausdruck, ganz wie bei einem Künstler, der ein neues Bild beginnt, das sein gesamtes künstlerisches Streben aufs Beste zum Ausdruck bringen soll.

Das konkrete Ich, dessen Inkarnation hier beobachtet wurde, war von einer gewissen Würde, charakterlichen Schönheit und Willenskraft. Gesicht und Augen strahlten und waren von wunderbarem Ausdruck, sie leuchteten vor Liebe und Güte und glühten doch zugleich vor Kraft. Sie hatten weniger menschliche Form, sondern waren eher das lebenssprühende Gesicht und die strahlenden Augen des „Gottes im Inneren".

Das Phänomen der Mannigfaltigkeit der Bewusstseinskräfte auf der Kausalebene zeigte sich im Laufe der Untersuchungen häufig. Dass ich damit in Kontakt kam, hatte jedoch keinerlei Einfluss auf die Konzentration der Kraft, die in den Aufbau der neuen Körper floss.

Der Lichtstrahl, der das Ich und den Fötus miteinander verband, entstand nach meinen Beobachtungen im Kausalkörper an einer Stelle, die in der menschlichen Gestalt dem Solarplexus entspricht. Von dort aus ging er wie ein trichterförmiger Lichtstrahl in den Mentalkörper über, in den er am höchsten Punkt eintrat, verlief direkt durch diesen hindurch und trat dann in ähnlicher Weise in den Astralkörper sowie schließlich in den Fötus ein.

Mit sechseinhalb Monaten betrug der Durchmesser dieses Strahls auf der Mental- und der Astralebene etwa fünfzehn sowie auf der ätherischen und der dichten physischen Ebene etwa zehn Zentimeter. Lebenskraft und Bewusstsein des Ichs strömten in diesem Strahl blitzartig auf und ab, und er bildete nicht nur einen Kommunikationskanal zwischen dem Ich und dem physischen Körper, sondern diente auch dazu, die vier persönlichen Hüllen perfekt aufeinander abzustimmen.

Die Grenzen des Hirnbewusstseins verhinderten, dass ich die genaue Beziehung der vier Körper zueinander und den Verlauf des Lichtstrahls mit Worten beschreiben konnte. In einem Schaubild könnte man die Hüllen wie auf dem Lichtstrahl aufgefädelt darstellen, wobei er jeweils an der obersten Stelle in jede Hülle eindringt und sie an der Unterseite wieder verlässt. Daraufhin tritt er in die nächstuntere Hülle ein, bis der physische Körper erreicht ist. Im Schaubild mag dies richtig sein, tatsächlich aber ist es nicht so, denn obwohl es den Anschein hatte, als ob die Körper einer über dem anderen angeordnet wären, bestand doch zugleich eine gewisse Überschneidung zwischen dem jeweils niederen und dem höheren, als ob die obere Hälfte des einen die untere Hälfte des darüber liegenden einnähme. Vielleicht gibt diese dreidimensionale Beschreibung die Tatsachen nicht ganz zutreffend wieder, aber von allem, was mir mit dem Hirnbewusstsein möglich ist, kommt dies ihnen am nächsten. Bei der Betrachtung mit dem Sehvermögen und Bewusstsein auf den höheren Ebenen erschien mir mein Verständnis dieses Phänomens jedoch recht vollständig.

Der Durchtritt dieses Lichtstrahls durch den inzwischen fast vollständig entwickelten Mentalkörper erhielt den Magnetisierungsprozess darin aufrecht. Die gesamte mentale Hülle war wesentlich größer und leuchtete wesentlich stärker, als dies noch einen Monat zuvor der Fall gewesen war. Inzwischen war sie etwa 1,20 Meter groß. Unzählige leuchtend bunte Teilchen in ständiger aktiver Bewegung erzeugten sowohl im Inneren als auch an der Oberfläche einen schimmernden Glanz. Die Oberfläche des Mentalkörpers wirkte in ihrem Erscheinungsbild fast wie Schnee bei starker Sonneneinstrahlung, wenn die einzelnen Kristalle Prismen-Effekte erzeugen. Er war nun in seinem Aufbau eindeutig dichter als noch vor einem Monat. Die bunten Teilchen waren gleichmäßiger verteilt, und der Körper war homogener.

Die menschliche Gestalt zeichnete sich darin klar ab, und der mentale Mensch zeigte ein erkennbares Maß an Bewusstsein seiner selbst. Die wunderbare Atmosphäre von Frische und unberührter Reinheit, die auf der Kausalebene zu beobachten war, war auch ein deutliches Charakteristikum der Mentalebene.

Als der siebte Monat näher rückte, konzentrierte sich die Aktivität des Ichs hauptsächlich auf den Astralkörper. Seine Methodik ähnelte der, die bereits im Zusammenhang mit dem Mentalkörper beschrieben wurde, wenngleich die Materie hier wesentlich träger reagierte. Es hatte den Anschein, als befände sich an der höchsten Stelle des Astralkörpers eine kreisförmige Öffnung, deren Rand wie bei einer Blütenkrone klar ausgebildet war. Darum herum waren angedeutete Blütenblätter zu erkennen, die sich flach um die Peripherie des Astralkörpers legten und seiner ovalen Form folgten.

Der Lichtstrahl drang durch diese kreisförmige Öffnung, die offenbar ein fötales Brahmarandha-Chakra sein könnte, ein. Von oben betrachtet, bot sich einem das Bild einer großen Ringelblume. Der Kern des Strahls durchdrang das innere Herz der „Blüte", das einen Durchmesser von etwa fünf Zentimetern hatte, während der Durchmesser der gesamten Blüte mindestens fünfzehn Zentimeter betrug. Die Blütenblätter neigten sich nach unten und innen zur Mitte hin und verliefen schließlich in Form eines länglichen Stängels von der höchsten Stelle des astralen Doppels bis in dessen Mitte, wo sich ein sehr heller Punkt befand, der in einem goldgelben Licht leuchtete.

Von diesem Punkt sandte die herabströmende Kraft vier kreuzförmige Strahlen aus, die den Nähten des physischen Schädels folgten. Der Hauptstrom der Ichkraft floss noch weiter nach unten durch das Kehlkopf-Chakra, in dem eine Kraftkonzentration auftrat, hindurch bis zum Herzen und zum Solarplexus. Diese drei Kraftzentren waren in dem Fötus zu erkennen.

In diesem Stadium wirkte das Ich immer noch von oben und nicht von innen heraus auf den Astralkörper ein. Noch befand sich wenig bis kein Bewusstsein seiner selbst darin, wie es etwa auf mentaler Ebene bereits in Ansätzen vorhanden war.

Der Astralkörper nahm zu diesem Zeitpunkt einen Raum ein, der etwa von den Schultern bis zum Knie der Mutter reichte. Er lag nahezu aufrecht mit einer leichten Neigung von der linken Schulter zum rechten Knie. Die Aura der Mutter war immer noch proportional erweitert, sodass sie ihn umschließen konnte. Außerdem war immer noch zu erkennen, dass die beiden Auras unterschiedlich und voneinander getrennt waren.

Das astrale „Kind" befand sich in einem Zustand träumerischer Schläfrigkeit, und die verschiedenen Bewusstseinsveränderungen erschienen im Astralkörper als schwache Farbschattierungen, die über sein Äußeres und Inneres strichen. Gelegentlich wurde das „Kind" durch die Impulse des Ichs aus diesem Zustand „aufgeweckt" und bewegte sich leicht wie ein Schlafender, der halb erwacht. Auf den Astralkörper hatten diese träumerischen Aktivitäten des knospenden astralen Bewusstseins einen Effekt ähnlich der allmählichen Verfärbung des Himmels beim Sonnenuntergang. Verstärkt wurde dieser noch durch das Erscheinungsbild des astralen Doppels, das mit jener verschwimmenden Leuchtkraft strahlte, wie sie die Sonne aufweist, wenn sie tief über dem Horizont steht.

Der physische Fötus diente dem Ich offenbar als Stützpunkt oder Anker. Der direkte Kontakt zwischen beiden wirkte stabilisierend auf die feinstofflicheren Körper. Er sorgte dafür, dass sie „in Reih und Glied" und unter der Kontrolle des Ichs blieben. Das Wirken der Kraft von den höheren Ebenen spürte der physische Fötus als ständigen Bewegungsimpuls.

Physisches, ätherisches und astrales Bewusstsein bildeten in diesem Entwicklungsstadium eine Einheit, wobei sich äußeres und inneres Gewahrsein, in dem Maße, wie diese Einheit darüber verfügte, weitgehend auf der Astralebene abspielten.

Auf der physischen Ebene konzentrierte sich der Kraftstrom, der das Bewusstsein des Ichs repräsentierte, auf den und im Kopf des Fötus. Von dort verlief er als blassgelbes oder nahezu weißes Licht an der Wirbelsäule entlang nach unten. Es war interessant, den Unterschied zwischen diesem Strom und dem verbindenden Strahl der Ich- oder Lebenskraft zu beobachten, der aus dem Astralkörper in den Kopf eindrang, über Kehlkopf und Herz nach unten verlief und schließlich im Solarplexus endete. Dieser letztere Strahl, der im Fötus deutlich zu erkennen war, floss mit der Hirn-Rückenmarks-Flüssigkeit zum Atlaswirbel. Durch diesen traten beide Ströme hindurch, nahmen unterhalb dieser Ebene jedoch unterschiedliche Verläufe.

Das Blut pulsierte erkennbar mit dem Herzschlag des Fötus, der offenbar ein schwaches Gefühl von Wärme und schläfriger Behaglichkeit verspürte.

Sobald der bewusste Ich-Impuls nach seinem Durchtritt durch den Mental- und den Astralkörper erstmals auf den physischen Fötus trifft, tritt eine Beschleunigung ein. Man könnte sagen, dass in diesem Moment die physische Inkarnation beginnt, denn jetzt hat das Ich zum ersten Mal bewussten Kontakt mit seinem neuen physischen Körper.

Auf das astrale „Kind“ hatten diese Aktivitäten einen Effekt ähnlich der allmählichen Verfärbung des Himmels beim Sonnenuntergang, wenn sich die Sonne auf den Horizont herabsenkt.

8

Der achte Monat

Die nächste Beobachtung wurde im achten Monat vorgenommen. Jetzt zeigte sich auf allen drei Ebenen eine deutlich gesteigerte Aktivität, und die Lebenskraft des Ichs kam vollständiger zum Ausdruck. Das Ich richtete nun sein Bewusstsein wesentlich stärker auf die physische Ebene. Inzwischen hatte es in der neuen Persönlichkeit einen Brennpunkt oder ein Zentrum für sein Bewusstsein eingerichtet, sodass es nun wesentlich weniger von ihm „getrennt" war als in den vorangegangenen sieben Monaten. Auf das Ich wirkt sich diese „Trennung" anscheinend sogar noch stärker einschränkend aus, als wenn die Persönlichkeit das Erwachsenenalter erreicht hat.

Mit anderen Worten, in dieser Phase, etwa einen Monat vor der Geburt, brachte das Ich anscheinend mehr von sich in die Persönlichkeit ein als zu jedem anderen Zeitpunkt der Inkarnation. Dennoch bestanden auf der Kausalebene für das

Ich-Bewusstsein nach wie vor große Freiheit und ein umfangreicher Handlungsspielraum.

Inzwischen hatte der Lichtstrahl an der Stelle, an der er den Kausalkörper verließ, einen Durchmesser von etwa dreißig Zentimetern; und der Blick der verklärten Menschengestalt des Gottwesens im Inneren folgte ihm mit großer Intensität hinunter bis zum physischen Körper des Kindes. Das Ich-Bewusstsein war sowohl im Mental- als auch im Astralkörper fest verankert und durch die untersten Astralebenen bis in den Ätherkörper vorgedrungen, auf den seine Kräfte nunmehr ungehindert einwirken konnten.

Mental- und Astralkörper erschienen vollständig aufgebaut und wiesen offenbar große Ähnlichkeit auf. Beide erweckten an der Oberfläche den Eindruck von schimmerndem Perlweiß und waren von Emanationen und einer Strahlung in derselben Farbe umgeben. Die Atome, aus denen sie bestanden, wiesen eine noch höhere Schwingung auf, und in beiden war eine ständige innere Bewegung wahrnehmbar.

Der vom Ich ausgesandte Lichtstrahl trat durch die große trichterartige Vertiefung an der höchsten Stelle des Mentalkörpers und drang bei der Großen Fontanelle in den Kopf des mentalen Doppels ein, wo er sich erweiterte, bis er den gesamten Kopf ein- und umschloss. Der Mentalkörper selbst war länglicher geworden und gut 1,50 Meter groß, wobei die menschliche Gestalt in seiner Mitte auf etwa neunzig Zentimeter „angewachsen" war.

Obwohl dieser Körper vollständig aufgebaut wirkte, verfügte er über keinerlei Umgebungswissen und konnte auch nicht als selbstständige Hülle genutzt werden. Wie bereits erwähnt, befand sich der Brennpunkt des Bewusstseins um diese Zeit auf der astral-ätherischen Ebene, sodass also das Bewusstsein den Mentalkörper lediglich durchströmte und belebte.

Entsprechende Fortschritte waren auch auf der Astralebene erzielt worden, wo der Körper so weit angewachsen war, dass er nun von den Schultern der Mutter bis zu einem Punkt etwa auf halber Höhe zwischen ihren Knien und ihren Knöcheln reichte.

Der astrale Engel verband sich sehr eng mit dem Körper. Zum Zeitpunkt der Beobachtung erschien er hinter der Mutter, wobei der neue Astralkörper zur Hälfte von seiner Aura umschlossen wurde, aus der er wie ein kunterbuntes Ei hervorragte.

Das Bewusstsein des Astralengels ruhte in einem Zustand zielgerichteter Konzentration auf seiner Aufgabe. Er achtete mit äußerster Sorgfalt auf den Körper, behütete ihn und beschützte ihn vor äußeren Einflüssen. Seine ganze Haltung war die von jemandem, der ein äußerst empfindliches Kunstwerk erschafft, etwas so Seltenes, Wertvolles und Wunderbares, dass auf seine Vervollkommnung größte Mühe, höchste Sorgfalt und sogar Ehrfurcht verwendet werden müssen.

Die Mutter unterstützte er in ganz ähnlicher Weise. Seine schöne Aura umhüllte sie wie ein Umhang oder Mantel, den er ihr von hinten umgelegt hatte. Sie war von einem entzückenden Blau und umgab sowohl den Engel als auch die Mutter mit einem pelerinenartigen Aura-Gewand, dessen Kapuze über den Deva hinausreichte und ihm eine bemerkenswerte Ähnlichkeit mit der Mutter Maria verlieh. Ein leuchtender blauer Schimmer schmückte den oberen Teil seiner Aura, als trage er einen blauen Umhang aus lebendigem Licht.

9

Unsere „Liebe Frau“

Die im achten Monat zu beobachtende Veränderung im Erscheinungsbild des Engels wurde, wie sich herausstellte, durch herabströmende Macht aus den höheren Welten bewirkt, die durch den Engel in Mutter und Kind drang. Der Versuch, den Quell dieser Macht zu entdecken, führte mich auf eine Bewusstseinsebene, die mir normalerweise nicht erreichbar ist; und in den geistigen Welten, für die ich durch ihren Einfluss erweckt wurde, offenbarte sich mir die Gegenwart jener Personifizierung des weiblichen Prinzips im Göttlichen, die von früheren Völkern als Isis, Venus und Ishtar sowie in modernerer Zeit als Jungfrau Maria verehrt wurde. Selbst meinem unerfahrenen und unvollkommenen Blick enthüllte sich ein gewisses Maß ihrer glorreichen Herrlichkeit und Vollkommenheit.

Sie ist von einer strahlenden Schönheit, die alle Worte übersteigt, und leuchtete auf als die Inkarnation vollkommener

Weiblichkeit, als das Inbild von Schönheit, Liebe und Zärtlichkeit. Sie ist umstrahlt vom Glanz des Göttlichen. Strahlendes Glück, ekstatische geistige Freude leuchtet aus ihren wunderbaren Augen.

Bei all ihrer hohen Erhabenheit ist ihr Blick weich und zärtlich und in gewisser Weise erfüllt vom glücklichen Lachen der Kinder sowie der tiefen, ruhigen Zufriedenheit des gereiften Alters.

Ihre prachtvolle Aura in sanften und doch leuchtenden Farben bildet einen strahlenden Kranz der Herrlichkeit um sie, der ihre unsterbliche Lieblichkeit zugleich verhüllt und entschleiert. Tiefblau, Silberweiß, Rosa, Goldgelb und das sanfte Grün junger Blätter im Frühling durchströmen die Gewänder ihrer Aura ständig – Welle um Welle aus Farbe und lebendigem Licht. Mal um Mal durchdringt ihr sattes Dunkelblau das Ganze, erhellt von Sternen und strahlendem Silberglanz.

Die Schutzengel sind ihre Diener und Boten. Durch sie war sie vom ersten Augenblick an gegenwärtig und behütete Mutter und Kind. Ihr Frieden, ihre Liebe und ihr tiefes Mitgefühl ummantelten sie, herbeigerufen durch das nahende Sakrament der Mutterschaft, das Mysterium der Geburt. Jetzt, da der Geburtstermin näher rückte, kam sie so dicht heran, dass die ihr dienenden Engel ihr immer ähnlicher wurden, da ihre Lebenskraft und ihr Bewusstsein in zunehmendem Maße in und durch sie manifestiert wurden. Tag für Tag kam sie näher heran, bis sie sich schließlich in ihrer tatsächlichen Gegenwart zeigte.

Ihre Gegenwart gewährt dem Ich der Mutter und des Kindes Unterstützung auf allen Ebenen und strahlt harmonisierenden und beruhigenden Einfluss aus. Darüber hinaus beobachtet sie unter großer Anteilnahme die mentalen und emotionalen Veränderungen bei der Mutter und durchlebt mit ihr alle Erfahrungen, die sie durchmacht, auch ihren Schmerz. Zugleich fördert sie alle Bewusstseinserweiterungen, die jede Mutter in der Zeit ihres aufopfernden Aktes bis zu einem gewissen Grad erfährt.

Diese Bewusstseinserweiterungen bedeuten inneres Wachstum sowohl für die einzelne Frau als auch für die gesamte Menschheit. Maria baut auf die Menschheit der Zukunft, in der Ehe und Elternschaft unter den Menschen verherrlicht werden, in der sie im Leben der Menschen ihren wahren Platz als geistige Sakramente einnehmen, durch die allein eine Menschheit geboren werden kann, die so rein ist wie sie und etwas von ihrer göttlichen Vollkommenheit widerspiegelt. Dann werden Körper geschaffen, die geeignete Tempel sind für das sich entwickelnde Gottbewusstsein, das herabsteigt, um in ihnen Wohnung zu nehmen.

Als ich über den Rand ihres mächtigen Bewusstseins meditierte – stets bestrebt, daran zu rühren – erkannte ich, dass sie ständig daran arbeitet, der Menschheit diese großen Ideale aufzuprägen. Sie ist eins mit allen Frauen der gesamten Menschheit auf dieser Welt, aus freien Stücken nimmt sie ihre Leiden in sich auf, teilt mit ihnen die Schmerzen in den Wehen und während der Geburt und erduldet die Grobheit und Brutalität des seelentötenden Lebens der Unglücklichen. All dies nimmt sie in sich auf, damit sie ihren Schwestern auf Erden noch mehr von ihrem göttlichen Mitgefühl, ihrer Stärke, ihrer vollkommenen Reinheit und ihrer lebendigen Gegenwart schenken und sie mit dem Segen der Weltenmutter segnen kann.

Außerdem sah ich, dass sie alle Freuden der ersten Liebe teilt; dass alles Glück der ersten Zuneigung zwischen Mann und Frau in ihrem Herzen Widerhall findet und sie aus dem grenzenlosen Meer ihrer eigenen vervollkommneten Liebe und leidenschaftlichen Freude etwas hinzugibt. All die wunderbar tiefe Liebe, die das Herz einer Frau hervorzubringen vermag, möchte sie mehren, segnen, bereichern und reinigen. Sie kennt alle Begierde, in die diese Liebe oft pervertiert wird, und möchte sie transformieren. Deshalb nimmt sie das Gift in ihr eigenes Herz auf, auf dass es in einen Trank reiner Liebe verwandelt und als Kraft zur Stärkung der Frauen der Welt, zur Verherrlichung der menschlichen Liebe und zur Reinigung des Sakraments der Elternschaft ausgesandt werde.

So erfüllt sie ihre große Rolle im göttlichen Plan und nimmt ihren Platz ein in der Hierarchie derer, die gelernt haben, in der Harmonie des Ewigen zu leben, und sich doch aus freien Stücken der Gefangenschaft der Zeit unterwerfen.

10

Der achte Monat – Fortsetzung

Hier soll nun der Bericht über die Untersuchungen des Inkarnationsfortschritts im achten Monat fortgesetzt werden. Was den Kopf das Astralkörpers anging, so war der Aufbau der feinstofflichen Bewusstseinsmechanismen inzwischen abgeschlossen; unterhalb davon konnten sie aber natürlich erst wirksam werden, wenn der dichte physische Körper ausreichend weit entwickelt war.

Der zentrale Teil des Lichtstrahls drang bei der großen Fontanelle in den Kopf ein, der übrige Teil des Strahls strömte über und durch den restlichen physischen Körper. Als der Kern des Strahls eine Stelle erreicht hatte, die der Zirbeldrüse entspricht, erweiterte er sich zu einer Birnenform, die sowohl die Hypophyse als auch die Zirbeldrüse umschloss.

Zu diesem Zeitpunkt waren die Hirnventrikel praktisch kollabiert sowie Hypophyse und Zirbeldrüse vollständig ausgebildet. In der birnenförmigen Verdickung am Ende des einströmenden Lichtstrahls deuteten sich erste Anzeichen dreier Kraftlinien an. Zwei davon führten zu Hypophyse beziehungsweise Zirbeldrüse, während der dritte zum Atlaswirbel hin verlief.

Das ätherische Doppel der Hypophyse hatte in etwa die Form einer Tulpenknospe, wobei sich die Blütenblätter oben leicht nach außen neigten und so eine Öffnung bildeten, in die der Strom einfloss. An diesem Ende leuchtete der Lichtstrahl etwas stärker, und im ätherischen Doppel zeichneten sich die Umrisse des fötalen Ajna-Chakras ab. Es ähnelte gewissermaßen einem Rohr, in dem sich ein Mark befand, über das der einströmende Strahl nicht hinausgelangen konnte. Die Stelle, an der das Chakra die Hypophyse verlässt, war durch die ätherische Wand oder Haut der Drüse verschlossen.

Die Zirbeldrüse befand sich in einem ähnlichen Zustand, doch ihre Leuchtkraft war stärker und rief den Effekt einer spitz züngelnden Flamme hervor, in der ein wenig Blau zu sehen war. Der ätherische Durchgang, der von diesen beiden Zentren zur Großen Fontanelle führte, wurde durch die Materie des ätherischen Doppels in ähnlicher Weise verschlossen wie dies beim Ajna-Chakra beobachtet worden war, wenngleich sich die Teilchen hier in einem aktiveren Zustand befanden und das Mark weniger dicht war, gerade so, als ob das Leben des Ichs es magnetisierte und dadurch eine höhere Schwingungsfrequenz erzeugte. Die Teilchen im Inneren wurden durch die ätherische Wand des Durchgangs vom übrigen ätherischen Doppel abgeschirmt.

Der dritte Zweig der zerebrospinalen Ströme floss noch nicht ungehindert an der Wirbelsäule entlang nach unten.

Von der Unterseite der zentralen Verdickung im Kopf erstreckten sich zahllose winzige Würzelchen oder Zweige in das ätherische Doppel des Kehlkopfs.

Kraft durchströmte sie und floss die Kehle entlang zum Herzen, wo sich eine weitere, allerdings viel kleinere, birnenförmige Verdickung ähnlich der im Kopf befand, die etwa ein Viertel des Rauminhalts des Herzens einnahm.

Die Astral-Chakras waren in dieser Phase zu erkennen und befanden sich in etwa gegenüber den vier oben erwähnten physischen Zentren, aber offenbar waren erst das Zirbeldrüsen- und das Brahmarandha-Chakra vollständig eingestellt und verbunden. Eine Verbindung oder einen Kraftfluss zu den Organen gab es in dieser Phase allerdings noch nicht. Die ätherischen Zentren befanden sich im Magnetfeld der astralen Chakras, funktionierten aber noch nicht so wie nach der Geburt.

11

Die Stunde vor der Geburt

Eine letzte Beobachtung des Falles, dem das in diesen Beschreibungen enthaltene Material größtenteils entnommen ist, wurde anderthalb Stunden vor der Geburt durchgeführt. Zu der Zeit hatten sich die höheren und niedrigeren mentalen Engel offenbar aus ihrer Verbindung mit dem Ich und seinen neuen Körpern gelöst; ihre Arbeit war zum Abschluss gekommen und ihre Anwesenheit daher nicht mehr erforderlich.

Auch der astrale Engel war gegangen, nur die Gedankenform von Maria blieb. Jetzt war sie nicht mehr vom Bewusstsein des astralen Erbauer-Engels belebt, sondern von der Weltenmutter höchstselbst. Die Gestalt war nun losgelöst von Mutter und Kind und stand auf der linken Seite am Kopfende des Bettes, wo sie sich in einer Haltung äußerster Zärtlichkeit und Fürsorge über die Mutter beugte.

Marias Gegenwart verhinderte, dass der Mental- und der Emotionalkörper der Mutter aufgrund der Schmerzen mit einer Frequenz schwingen würden, die höher ist als die, bis zu der das persönliche Bewusstsein im physischen Körper aufrechterhalten werden kann. Der Schmerz konnte nicht über einen bestimmten Punkt hinaus gelindert werden, doch seine Auswirkungen auf die feinstofflicheren Körper wurde auf ein Minimum beschränkt. Durch Marias Gegenwart konnte im persönlichen Bewusstsein der Mutter trotz des akuten körperlichen Leidens ein Zustand der Ausgeglichenheit und der Ruhe gewahrt werden. Mutter und Kind waren von einer Atmosphäre geistiger Kraft und geistigen Glanzes umfangen, die von ihrer erhabenen Gegenwart ausging; und Maria hielt sie darin umschlossen, bis die Geburt vollendet war.

Auf den inneren Ebenen war der Raum erfüllt von einer Atmosphäre der Heiligkeit und des Friedens. Die Engel, die Maria dienen, waren zugegen, und Mutter und Kind waren durchstrahlt von ihrer Liebe und ihrem Segen. Als der Augenblick der Geburt näher rückte, leuchtete Marias Gestalt zunehmend heller und nahm auch an Größe zu, denn jetzt manifestierte sich ihr Bewusstsein darin in noch größerem Umfang, und ihr Leben, ihr Licht und ihr Segen ergossen sich in noch höherem Maße auf Mutter und Kind.

Als die Geburt vorüber war, zog sie sich zurück. Doch die Gestalt löste sich langsam auf, sodass der ganze Prozess vielleicht zwischen acht und zehn Stunden dauerte.

Nachdem sich die Engel zurückgezogen hatten und der Geburtsprozess begonnen hatte, wurde der Kontakt zwischen dem Ich und dem physischen Körper klugerweise verringert, und unmittelbar nach der Geburt war er praktisch ganz aufgehoben. Es ist daher anzunehmen, dass die höheren Körper des Kindes deshalb von denen der Mutter umschlossen und von den Engeln geschützt werden, damit das Ich wesentlich engeren Kontakt mit seinem neuen physischen Körper erlangen kann als ihm dies nach der Geburt möglich ist.

Diese Veränderung spürte das Ich recht deutlich. Es erlebte sie als Verlustgefühl und erkannte seine völlige Unfähigkeit, bewusst in seinem neuen Körper zu agieren oder diesen zu beeinflussen. Die Verbindung zwischen beiden war noch bis unmittelbar vor der Geburt erkennbar, und auch der Lichtstrahl, der durch die Große Fontanelle eindrang, war zu sehen. Dieser Strahl bestand jetzt allerdings weit mehr aus feinstofflichen Magnet- und Prana-Energien als aus Ich-Bewusstsein, das inzwischen nicht mehr bis unter die Astralebene gelangte. Der physische und der ätherische Körper waren in dieser Phase nicht in der Lage, die Kraft des Ich-Bewusstseins zu übertragen.

Nach der Geburt muss es das Ich auf sich nehmen, nach und nach zu lernen, wie es das, was ihm in der intrauterinen Phase die Gegenwart der Engel und die Umhüllung durch die Aura der Mutter ermöglicht haben, selbst bewerkstelligen kann.

Mit dieser letzten Beobachtung sind meine Forschungen zu diesem wichtigen Thema abgeschlossen. Ich weiß um die Notwendigkeit vieler weiterer Untersuchungen, bevor die Prinzipien, die diese Studie nahelegt, vollständig bewiesen und verstanden werden können. Mein Werk ist daher begrenzt und unvollständig. Ich lege es in diesem Zustand vor, in der Hoffnung, dass andere die Aufgabe weiterer Forschungen und Untersuchungen aufgreifen und ich selbst noch einmal das Privileg haben werde, weitere Fälle in dieser hochwichtigen Lebensphase zu beobachten.

Die Gegenwart von Maria erfüllte den ganzen Raum und verlieh ihm eine Atmosphäre der Heiligkeit und des Friedens. Mutter und Kind waren durchstrahlt von ihrer Liebe und ihrem Segen. Als die Geburt vorüber war, zog sie sich zurück, wobei sich ihre Gestalt über einen Zeitraum von sechs bis acht Stunden allmählich auflöste.

Anhang A

Die Weltenmutter

Während der Untersuchungen des pränatalen Lebens wurde ich ständig der Anwesenheit und Fürsorge bestimmter Engelarten gewahr, die bei dem doppelten Prozess des Aufbaus des neuen mentalen, emotionalen, ätherischen und physischen Körpers sowie der Hinführung des reinkarnierenden Ichs zu diesen Körpern mithalfen. Damals war mir das zwar nicht klar, aber inzwischen bin ich zu der Erkenntnis gelangt, dass diese Engel in jedem Lebenszyklus auf dem involutionären Bogen oder beim Abstieg in die Inkarnation für den Einzelnen eine ganz ähnliche Funktion erfüllen wie die *Pitris*, die sogenannten Vorläufer des Menschen, für die gesamte Menschheit.

Eine Studie dieser Engel zeigte, dass sie Erfüllungsgehilfen einer großen Intelligenz sind, die über alle mütterlichen Prozesse in der gesamten Natur herrscht und diese steuert. Die Lehren der okkulten Philosophie setzen diese Intelligenz in Bezug zum weiblichen oder mütterlichen Aspekt des Göttlichen, dessen Manifestation und Repräsentantin sie ist.

Die Materie als solche, die universelle Substanz oder *Prakriti*, ist die *Archē*, der Weltenurgrund oder Mutterleib, in dem alle Welten reifen, aus dem sie geboren werden und in den sie alle wieder eingehen. Die wahre Weltenmutter ist diese Ursubstanz eines Universums, in dem Moment, in dem sie erstmals aus der Wurzel der Materie oder *Mulaprakriti* ausdifferenziert wird; denn in ihr wohnen die Samen aller Lebewesen sowie die Erhaltungs- und die Fortpflanzungskraft.

Wenn nach der Nacht des Chaos im heraufdämmernden Kosmos Ausdifferenzierung einsetzt, erscheinen die drei Aspekte der Urtrinität – Schöpfer, Bewahrer und Verwandler – von selbst und werden schöpferisch aktiv. Fortan werden sie repräsentiert durch erhabene göttliche Intelligenzen, Mächte oder Emanationen, die wiederum die höchsten Früchte ihnen vorausgehender *Manvantaras* (Weltzeitalter) sind, deren Körper „aus der Essenz des höheren göttlichen Lichts" bestehen. Intelligenzen von solcher Art lenken, wenn sie aus der Wurzelsubstanz hervorgegangen sind, den Lauf der Evolution nach unveränderlichem Gesetz. Sie sind keine Wesen wie der menschliche Verstand sie fassen könnte. Sie stellen sowohl die höchste Triade der Sephirot als auch die sieben aus dieser hervorgehenden Sephirot oder vielmehr den dahinterstehenden Geist dar. Man könnte sie vielleicht als *Innerste Seele der Innersten Seele* des Universums bezeichnen.

Das kosmische mütterliche Prinzip ist universell manifest, und seine bewahrenden und reproduzierenden Attribute wirken in der gesamten Natur. Physisch kommt es in der gesamten organischen Welt sowohl als chemische negative Polarität wie auch als Weiblichkeit zum Ausdruck. Es wirkt in jeder einzelnen Zelle und in jedem vielzelligen Organismus. Ohne das mütterliche Prinzip könnte nichts empfangen und geboren, nichts erhalten und nichts reproduziert werden.

Feinstofflich ist das mütterliche Prinzip ebenso wichtig. Beim Menschen ist es die Aura-Hülle, die *Archē* der Geistigen Seele, der *Augeoides* oder Kausalkörper, der Mutterleib, in dem Eingeweihter, Meister und künftiger Logos reifen.

Alle Völker erkennen, würdigen und verehren dieses mütterliche Prinzip in der Natur. Alle exoterischen Religionen personifizieren es als Göttin, mütterlicher Erzengel von Universen, Rassen, Völkern und Menschen. Diese Personifizierungen der Weltenmutter gehören zu den höchsten und edelsten Vorstellungen des menschlichen Geistes, der dadurch, dass er sie kreiert und verehrt sowie ihnen dient, zu seinem höchsten Maß an Idealismus, Hingabe und religiösem Selbstausdruck findet. Diese Verehrung, Hingabe und Anbetung, die den Weltenmüttern entgegengebracht wird, haben daher tiefsten Respekt verdient und sollten – von grobem Aberglauben, dem stets Einhalt zu gebieten ist, einmal abgesehen – sinnvollerweise gefördert werden. Durch menschliche Hingabe sind die Menschen für die oberen Welten erreichbar.

Die Teile des Embryos sowie die ihnen entsprechenden Prinzipien und Farben		
Embryo	Atman und ätherisches Doppel	Violett
Fruchtwasser (wird vom darin schwimmenden Embryo verströmt)	Buddhi	Gelb
Fruchthöhle (Amnion, embryonale Membran, die das Fruchtwasser enthält)	Manas I	Indigo
Dottersack (enthält Nahrungsquelle für den Embryo)	Manas II (Kanal, durch den Ich-Erfahrungen fließen)	Grün
Allantois (Blut)	Astral	Rot
Chorion (äußere Fruchthülle, „Grenzring“)	physischer Körper (sowie dessen Haut und Aura-Hülle)	Blau
Albumin-Flüssigkeit	Prana	Orange

aus *Lecture Notes*, Band I, Theosophical Publishing House, Adyar, Indien

Durch sein Streben, seine höchste Liebe und sein Gebet wird der Mensch empfänglich sowohl für sein eigenes Geistiges Selbst als auch für den Einfluss der Meister und Helfer der Menschheit. So ist zum Beispiel das Ideal der Madonna seit jeher von unschätzbarem Wert zum Trost, zur Reinigung und zur Veredelung der Menschheit. Gottes Mutterliebe wurde dadurch für Millionen leidende und strebende Menschen erreichbar. Auch die Bilder von Kwan Yin, Isis, Ishtar, Parvati und anderen Göttinnen gründen in ähnlicher Weise auf Existenz, Wesensart und Funktion dieses großen Wesens. Vielleicht erschienen mir, weil ich Christ bin und weil die Menschen in den Fällen, die ich untersucht habe, ebenfalls Christen waren, die madonnenähnlichen Gestalten ... vor meinem geistigen Auge.

Die planetare Weltenmutter wird in bestimmten Schulen der okkulten Philosophie als hoch entwickelte Vertreterin im Rang eines Erzengels und irdische Verkörperung des weiblichen Aspekts des Göttlichen verstanden. Außerdem gilt sie als Meisterin und Mitglied der Inneren Regierung der Welt, und in ihr scheinen die erhabensten Eigenschaften von Weiblichkeit und Mutterschaft sämtlich in höchster Vollendung auf.[11]

---

11 Siehe C. W. Leadbeater, *The World Mother as Symbol and Fact*, Theosophical Publishing House, Adyar 1928.

Anhang B

Abstieg in die Inkarnation

Die Theosophie wirft ein erhellendes Licht auf ein häufiges menschliches Problem – die Frage nach dauerhaftem Glück und beständiger Harmonie oder deren Gegenteil in Gemeinschaft, Liebe und Ehe. Sei egoistisch, barsch und treulos in der Liebe – und nach dem Gesetz von Ursache und Wirkung wirst du diese Qualitäten ernten. Sei selbstlos, stets freundlich und treu in der Liebe, dann sicherst du dir dies in allen künftigen Leben auch für dich selbst.

Was nun die Elternschaft anbelangt: Woher kommen die Kinder? Auch sie sind alte Lieben. Nur der Körper ist neu, kindlich, geboren aus der materiellen Elternschaft. Das Selbst ist göttlich, unvergänglich, unzerstörbar, erfahren und aus Gott geboren. (Deine Kinder in diesem Leben können durchaus in einer früheren Inkarnation deine Eltern, Geschwister oder Partner gewesen sein.)

Der Abstiegsprozess in die Inkarnation ist eine interessante

Frage. Die Theosophie ermöglicht uns an dieser Stelle, unser Thema aus einer einzigartigen Perspektive anzugehen – der des Geistigen Selbst.

Etwa zum Zeitpunkt der Empfängnis wird das physische permanente Atom des zur Inkarnation bereiten Ichs durch einen Engel an die entstandene Doppelzelle gebunden. Die fünf dauerhaften oder Samen-Atome sind einzelne, höchste Atome aus den Ebenen des Willens, der Weisheit, des Verstandes, der Emotionen und der physischen Materie. Am Beginn des Abstiegs des Monaden-Strahls in die Bereiche der Evolution werden sie an den Lebensfaden oder Monaden-Strahl geheftet, der dadurch auf der – von oben gezählt – dritten, vierten, fünften, sechsten und siebten Ebene der Natur vertreten ist. Die Monade selbst ist auf der zweiten Ebene angesiedelt und kommuniziert mit den Ebenen unter ihr über diesen Lebensfaden, auf den die Atome solchermaßen aufgereiht sind.

Am Beginn jedes Wiedergeburtszyklus steigen die mikrokosmische Wortkraft – oder Kraft, Leben und Bewusstsein des Ichs – entlang dieses Lebensfadens, der den Kausalkörper mit den mentalen, astralen und physischen permanenten oder Samen-Atomen verbindet, hinab. Dieser dreifache Strom schöpferischer Energie schwingt mit Frequenzen, die den Ich-Strahl oder die Stufe, auf der sich die Monade befindet, den Entwicklungsstand, die bereits entwickelten Charakter- und Bewusstseinseigenschaften sowie das Karma, sowohl in seinen glücklichen als auch in seinen unglücklichen Auswirkungen, zum Ausdruck bringen. Sie alle sind als „Klänge“ im Akkord des „Wortes“ des Ichs vertreten und modifizieren stark die elterlichen Eigenschaften, die über Mental- und Astralkörper sowie über Ei- und Samenzelle weitergegeben werden. Mikrokosmisch entsteht diese Schöpfungskraft in der Monade oder dem einen unteilbaren Selbst des Menschen, dem integralen

Funken in der Elternflamme, die das „Wort“ zuerst ausspricht. Dieses „Wort“ der Monade ist selbst wiederum ein Akkord im makrokosmischen *Verbum.*

Den Kausal- oder Ichkörper, den ständigen Träger des Geistigen Selbst des Menschen, den *Augoeides*, kann man sich als den mikrokosmischen Archetyp vorstellen; er ist Träger und Ausdruck monadischer Schöpungskraft, nuanciert oder eingefärbt, wie oben erwähnt, durch die Folgen früherer Erfahrungen, sowohl auf der eigenen Ebene als auch in aufeinanderfolgend angenommenen Persönlichkeiten. So ist also das „Wort“ beschaffen, welches das Ich im Kausalkörper als Mikrokosmos in schöpferischer Weise ausspricht, um einen erneuten Abstieg in die Inkarnation einzuleiten.

Aus seinem relativ statischen Zustand in den Perioden zwischen den Inkarnationen erwacht, wird das permanente Atom auf jeder Ebene zum Brennpunkt und – auf seiner jeweiligen Stufe – zum Übermittler der weitergeleiteten Kraft des Wortes. Als Zentren der Magnetfelder, die sie sodann aufbauen, ziehen die permanenten Atome die Art von Materie an, die auf die jeweils ausgesandte Wellenlänge zu reagieren vermag. Dies gilt insbesondere im Hinblick auf das Übergewicht des einen oder anderen ursprünglichen Strahls in Monade und Ich sowie der drei entsprechenden *Gunas* (Aktivität, Trägheit und Rhythmus) in der Materie. So wird bereits in der Substanz, aus welcher die Körper geschaffen werden, wie auch in allen anderen Punkten jedem Wesen hinsichtlich seiner mentalen, emotionalen und physischen Ausstattung, mit der es seine Lebensreise beginnt, vollkommene Gerechtigkeit zuteil.

Wie die Körper geschaffen werden

Das unmittelbar auf die Empfängnis folgende Stadium lässt sich vielleicht mit demjenigen in den makrokosmischen Prozessen vergleichen, durch welchen das „Wort" den Archetypen schafft und durch ihn die Magnetzentren mit ihren Feldern, innerhalb derer und um die herum später die Planeten gebildet werden. Die Prinzipien der Bildung des mentalen, astralen und des physischen Körpers sind auf allen drei Ebenen dieselben; um Ihnen die Ergebnisse meiner Beobachtungen jedoch möglichst klar darlegen zu können, möchte ich den Vorgang der Bildung des physischen Körpers im Mutterleib im Einzelnen schildern.

Wie bereits gesagt, wird im Moment der Befruchtung das physische permanente Atom von einem Engel mit der neu gebildeten Doppelzelle verbunden. Die Anwesenheit des dauerhaften Atoms, das durch die herabsteigende schöpferische Energie des Ichs oder die mikrokosmische Kraft des Wortes belebt wird, verleiht dem zweizelligen Organismus seinen geordneten biologischen Impuls, das heißt, das permanente Atom bringt ihn dazu, dem „Wort" entsprechend zu wachsen.

Die Schöpfungsenergie, die nun in das und durch das permanente Atom und die Doppelzelle ausgestrahlt wird, bewirkt mindestens vier Dinge:

(1) Die Schaffung eines Einflussfeldes oder -bereichs, innerhalb dessen sich die Bildung des Körpers abspielen soll. Dies entspricht der Bildung des „Grenzrings" beim Sonnensystem in der makrokosmischen Schöpfung. Er legt die Bandbreite der ausgesandten Strahlen fest und dient der Abschirmung eines Bereichs gegen eindringende fremde Schwingungen und Substanzen.

(2) Die Magnetisierung oder Harmonisierung der Materie in diesem Feld. Das Wirken der Schöpfungsenergie versetzt die umgebende Materie in Schwingungsharmonie mit dem inkarnierenden Individuum.

(3) Die Erstellung einer Gestalt. Diese Gestalt, die man als die ätherische Form verstehen könnte, in die der physische Körper hineingebaut wird, muss nun etwas detaillierter beschrieben werden, was die Schilderung des vierten Effekts der ausgesandten Wortkraft ein wenig verzögert. Nach hellsichtigen Beobachtungen ähnelt die pränatale ätherische Form, die recht bald nach der Empfängnis entsteht, einem Babykörper aus ätherischer Materie. Er leuchtet schwach, schwingt leicht und ist ein lebendiges Wesen, die ätherische, durch das Karma modifizierte Projektion des Archetypus. Innerhalb der ätherischen Form ist als fließende Energie oder Kraftlinie mit je eigener Wellenlänge ein skizzenhafter Plan des ganzen Körpers erkennbar. Jede künftige Gewebeart ist darin dargestellt; sie sind unterscheidbar, weil die Energie, deren Endprodukt sie sind, jeweils mit einer anderen Frequenz schwingt. So sind also Knochengerüst, Muskeln und Gefäße, Nerven, Gehirn und andere Substanzen in der ätherischen Form durch Energieströme spezifischer Frequenzen dargestellt. Das Einwirken der ausgesandten Schwingungen auf die freie Materie in der Umgebung könnte also der auslösende Faktor sein, durch den die Atome verschiedene molekulare Verbindungen eingehen und so unterschiedliche Gewebearten hervorbringen. Diese Moleküle werden von den Kraftlinien angezogen und „lagern" sich aufgrund der einheitlichen Schwingung oder des gegenseitigen Einklangs an den richtigen Stellen im heranwach-

senden Körper an. So kommt es, dass jeder Teil des physischen Körpers, sowohl in seiner Substanz als auch in seiner Form, genau zum inkarnierenden Ich passt. Karmische Defizite, die als Missbildungen, Schwächen und Krankheiten aufgearbeitet werden müssen, zeigen sich in der Form als Dissonanzen oder sogar Unterbrechungen der entsprechenden Kraftlinien, entlang und gemäß derer das Gewebe aufgebaut werden soll. Wenn Sie mir diese kleine Abschweifung gestatten: Wenn eine solche Verallgemeinerung überhaupt zutreffend sein kann, so lässt sich der gesamte Körper – wie auch das Sonnensystem – als Schwingung ausdrücken, wobei jede Gewebeart und jedes Organ ihre beziehungsweise seine eigene Wellenlänge, Ton und Farbe hat und diese wiederum je nach dem Grad ihrer Gesundheit oder Krankheit variieren. Bei vollständiger Gesundheit sind alle Teile aufeinander abgestimmt, und der Akkord des menschlichen Körpers befindet sich in vollkommener Harmonie. Bei Gesundheitsstörungen ist das Gegenteil der Fall – im einen oder anderen Teil gibt es eine Dissonanz, der Akkord ist verstimmt. Die wahre Heilkunst ist daher die Kunst, den Rhythmus wiederherzustellen.

(4) Der Ruf an die devischen Erbauer der Form. Die Klasse oder Ordnung der Herbeigerufenen wird ebenfalls durch Resonanz bestimmt. Deshalb hören und reagieren nur solche Naturgeister aus der Ordnung der Erbauer in der unmittelbaren Umgebung, die schwingungsmäßig mit den Strömen oder Tönen der vom inkarnierenden Individuum ausgesandten Wortkraft übereinstimmen. Bei ihrer Ankunft dringen sie in den Einflussbereich ein und befinden sich dann in einer

Atmosphäre, die ihnen vollkommen entspricht, weil sie von eben jenem Akkord beherrscht wird, der auch ihnen innewohnt. Instinktiv beginnen sie sogleich, die freie Materie in sich aufzunehmen und damit weiter zu spezialisieren. Anschließend helfen sie bei der schwingungsgesteuerten Ablagerung an den richtigen Stellen im wachsenden Körpergebilde.

Die Mechanik des Bewusstseins

Die Erbauer-Engel auf der Astral- und der Mentalebene sind außer mit der Überwachung dieser Prozesse mithilfe der instinktiven Reaktion der Naturgeister auf ihre Gedanken auch mit dem Aufbau und der äußerst schwierigen Einstellung der Mechanik des Bewusstseins befasst. Dieses besteht physisch aus dem Körper selbst, dem zerebrospinalen System aus Gehirn und Rückenmark mit seinen sieben Nerven- und Drüsenzentren auf der Höhe des Kreuzbeins, der Milz, des Solarplexus, des Herzens, des Kehlkopfs, der Hypophyse und der Zirbeldrüse. Auf ätherischer Ebene müssen die ätherischen Entsprechungen dieser Zentren und Drüsen sowie außerdem die ätherischen Chakras perfekt auf die physischen Organe, deren Gesundheit und Funktionalität sie steuern, abgestimmt werden. Ähnlich müssen auch die sieben Chakras im Astral- und Mentalkörper an die entsprechenden ätherischen und physischen Bestandteile der Mechanik angepasst werden. Die Chakras und die ihnen entsprechenden physischen Zentren bieten dem Ich mithin eine siebenfache Art der Manifestation im Körper und sieben Kanäle, durch die es darin Erfahrung sammeln kann. Diese menschlichen Chakras sind Projektionen der sieben entsprechenden Wirbel in den Archetypen der Planeten und der Sonne und entstehen mit Hilfe der Devas durch das Einwirken der von ihnen ausgehenden Wortkraft auf den Kausalkörper des Menschen.

Auch hier wirken numerische Prinzipien. Jedes Chakra hat einen eigenen Akkord oder eine eigene Gruppe an Frequenzen, seine Farbe und seine bestimmte Anzahl blütenblattartiger Unterteilungen. Durch jedes strömt die Art von Energie, Leben und Bewusstsein, die harmonisch mit dem jeweiligen Akkord schwingt. Begünstigt das Karma die perfekte Funktion, ist der Akkord jedes Chakras vollkommen harmonisiert, sodass die sieben sich im Einklang miteinander und mit jedem Körper, in dem es sie gibt, sowie außerdem mit den entsprechenden Zentren in den anderen Körpern befinden. Unter diesen Bedingungen sind vollkommene Gesundheit und beste Funktionalität gewährleistet. Wo Dissonanzen auftreten – verursacht durch mentale, emotionale oder physische Verfehlungen und der daraus folgenden Missbildung oder Verzerrung der Chakras – kommt es zu Funktionsstörungen. Das Krankheitskarma scheint also in erster Linie durch eine Störung der Schwingungsharmonie zu arbeiten. Eine Unterbrechung des Rhythmus der absteigenden Energien auf einer beliebigen Ebene führt letzten Endes zu gesundheitlichen Beeinträchtigungen im physischen Körper. So scheint es also, dass *endgültige* Heilung aus dem Inneren des Leidenden, vom Ich selbst, kommen muss; denn nur das Ich – der menschliche Archetyp – sendet schöpferische und deshalb korrigierende und heilende Energie an Frequenzgruppen als numerischen Ausdruck der idealen Form aus.

Während der pränatalen Phase und auch das ganze Leben lang senden die permanenten Atome, die Chakras, die feinstofflichen und der physische Körper die Wortkraft des Ichs aus. Bei einer Verletzung ermöglicht ebendiese stets aktive formgebende Kraft die Wiederherstellung und Neubildung von Gewebe entsprechend seiner ursprünglichen Form. Auch Engel und Naturgeister tragen dazu bei. Bis zum Augenblick des Todes, in dem das Ich sich zurückzieht, steht der physische Körper also unter dem Einfluss des „Wortes" des Ichs. Die ungeordnete Aktivität der Zellen und Bakterien nach dem Tode, gemeinhin „Verwesung" genannt, geht auf das Fehlen dieses lenkenden Einflusses durch das Ich zurück. Wenn wiederum der Astral- und der Mentalkörper abgelegt werden, schweigt das „Wort" auch astral und mental, weil das Ich sich in den subjektiven Zustand schöpferischer Ruhe und himmlischer Verzückung zurückgezogen hat. Zu gegebener Zeit erwacht es wieder daraus. Erneut wird die Wortkraft ausgesandt, und eine neue Inkarnation beginnt.[12]

---

12 Geoffrey Hodson, *The Kingdom of the Gods*, Theosophical Publishing House, Adyar 1952, S. 44-48; deutsch: *Die Engel und die Entwicklung des Menschen*, aus dem Englischen von Astrid Ogbeiwi, Aquamarin 2004, S. 66-72.

Anhang C

Die Entwicklung des Fötus

(1) Im ersten Monat des menschlichen Lebens findet in der menschlichen Eizelle eine wundersame Veränderung statt. Aus der Verschmelzung von Samen- und Eizelle entsteht ein neues Individuum, das die Potenziale unzähliger Menschengenerationen in sich trägt. Aus dem Unbekannten tritt das Bild des Menschen hervor.

Die erste Veränderung ist die Teilung der Eizelle in zwei Zellen, die sich wiederum in vier Zellen teilen. Dies setzt sich so fort, bis die Millionen Zellen im menschlichen Körper gebildet worden sind.

Die Nahrungsschicht – der Trophoblast – bildet sich um den äußeren Rand des Zellhaufens und setzt sich am Gewebe der Gebärmutter fest, aus dem eine Schutzwand, die sogenannte Plazenta, gebildet wird. Zusammen mit dem Trophoblasten versorgt sie den wachsenden Embryo über die Nabelschnur aus dem mütterlichen Blut.

Nach und nach verändert sich die innere Zellmasse von einer festen Kugel zu einem kleinen Hohlorgan in Form der Zahl 8, wobei die beiden Hohlräume durch eine doppellagige Platte, die sogenannte Keimscheibe, voneinander getrennt werden. Ausschließlich diese Keimscheibe entwickelt sich zu einem menschlichen Körper.

Die untere Hälfte der Zahl 8 wird zu einem kleinen leeren Bläschen, dem Dottersack. Im zweiten Monat löst sich dieser vom Embryo. Die obere Hälfte bildet die Fruchthöhle oder das Amnion. Sie umschließt den Embryo vollständig – außer an der Nabelschnur – und bietet ihm eine wässrige Hülle, in der er schwimmt und die stoßdämpfend wirkt.

Innerhalb der ersten siebzehn Tage verschmelzen die ersten spezialisierten Zellen – sie treten in Gruppen auf, die als Blutinseln bezeichnet werden – in der Region, die später einmal das Kopfende der Keimscheibe bilden wird, zu einer Röhre. Nach vielen Veränderungen wird diese zum Herz des Menschen und fängt schon sehr bald wie durch ein Wunder an zu schlagen. Zunächst durchfährt die Röhre ein leichtes Zucken, dann ein zweites, und schon bald zieht sich das Herz des Embryos rhythmisch zusammen und dehnt sich wieder aus und zwingt so das Blut, in den Blutgefäßen der Keimscheibe zu zirkulieren. Es muss bis ans Lebensende weiterschlagen.

Etwa zur selben Zeit entsteht auch das Nervensystem. In der Keimscheibe bildet sich eine ovale Verdickung, die sogenannte Neuralplatte, deren Ränder sich als Wölbung aus der flachen Oberfläche erheben und genau in der Mitte des künftigen Rückens des Fötus zu einer Röhre zusammenrollen. Das andere Ende der Röhre entwickelt sich später zum Gehirn; der hintere Teil wird zur Wirbelsäule.

Anschließend bildet sich das Darmrohr. Die flache Keimscheibe wölbt sich in der Mitte zu einer langen Tasche mit zwei blinden Enden. Recht früh entsteht am embryonalen Kopfdarm, also an der Unterseite des künftigen Kopfes, eine Öffnung, aus der ein primitiver Mund gebildet wird. Der Auslass am unteren Ende bleibt allerdings noch einige Zeit verschlossen.

Die Bildung der Nieren ist ein treffendes Beispiel dafür, dass sich im Embryo evolutionäre Prozesse aus fernster Vergangenheit wiederholen. Die ersten Nieren sind Fischorgane. Diese werden aufgegeben, und es entwickelt sich ein höherer Nierentyp, wie ihn etwa Frösche besitzen. Auch diese werden aufgegeben, und aus den Fragmenten entstehen die ersten menschlichen Nieren.

Am Ende des ersten Monats sind ein Schwanz sowie Arm- und Beinansätze erkennbar, ebenso Kiemenspalten wie bei Fischen – ein weiteres Beispiel für die Wiederholung von Evolutionsschritten. In dreißig Tagen hat sich das neue Menschenwesen aus einer einfachen Ei- und Samenzelle so weit verwandelt, dass es nun an der Schwelle zum Menschsein steht.

(2) Im zweiten Monat nimmt der Embryo in der Länge um das Sechsfache und an Gewicht um das Fünfhundertfache zu. Knochen und Muskeln runden die Konturen des Körpers ab; allmählich sind Gesichtszüge zu erahnen, und die Gliedmaßen beginnen sich zu entwickeln. Der Schwanz des Menschen erreicht in der fünften Woche seine größte Entwicklung, und die Muskeln, die bei den niederen Tierarten den Schwanz bewegen, sind vorhanden. Von diesem Zeitpunkt an bildet er sich zurück und nimmt mit Ausnahme abnormer Fälle seine heutige Position und Form als Steißbein an.

Ebenfalls im zweiten Monat entstehen die ersten ausgebildeten Geschlechtsorgane, und zwar beider Geschlechter. Durch Bevorzugung bestimmter Organe und Degeneration der anderen verwandelt die Natur den androgynen Embryo anschließend in ein männliches oder weibliches Kind. Auch hier wird die Vergangenheit in aller Kürze noch einmal durchlaufen, und die Trennung der Geschlechter, die vor annähernd fünf Millionen Jahren erfolgte, wird flugs noch einmal nachvollzogen.

(3) Der dritte Monat zeigt eine weitere Entwicklung der Geschlechtsmerkmale, die Aushärtung der Kieferknochen und die Anlage von Zähnen. In Umrissen deuten sich die Stimmbänder an, auch wenn noch keine Luft durch den Kehlkopf in die Lungen gelangt. Der Fötus lebt in einer Wasserwelt, in der bei Atmung Fruchtwasser in die Lungen strömen würde. Im dritten und vierten Monat tritt die stärkste Wachstumsphase ein, danach nimmt die Wachstumsgeschwindigkeit stetig ab.

(4) Im vierten Monat wird der Kopf recht aufrecht gehalten, der Rücken ist ziemlich gerade, und der Fötus hat Ähnlichkeit mit einem normalen Säugling erlangt. Der Fötus reckt und streckt sich und strampelt energisch mit Armen und Beinen. Jetzt spürt die Schwangere die ersten Bewegungen des Kindes.

(5) Im fünften Monat erhalten Haut und Strukturen ihre endgültige Form. Schweiß- und Talgdrüsen, die an jeder Haarwurzel Fett absondern, entstehen; und der ganze Körper ist mit einer schützenden Schmiere überzogen. Nägel und Zähne entwickeln sich, und der Körper wird an seiner Achse ausgerichtet; er ist jetzt kein geschlossener Kreis mehr wie noch im zweiten Monat.

(6) Im sechsten Monat öffnen sich die Augenlider wieder, die seit dem dritten Monat geschlossen waren. Die Augen sind

vollständig ausgebildet und reagieren ab dem siebten Monat, wenn Wimpern und Brauen vollständig entwickelt sind, auf Licht. An der Zungenoberfläche sowie an Gaumen und Wangeninnenseite sind Geschmacksknospen vorhanden.

(7) Im siebten Monat wird der Übergang von der Abhängigkeit zur Selbstständigkeit vollzogen, daher kann ein Frühgeborenes nun in einem Inkubator überleben. Das Kind kann schreien, atmen und schlucken, ist um die 35 Zentimeter groß und wiegt etwa 1000 Gramm.

Wenn es soweit ist, leitet ein bis heute unbekanntes Ereignis die Geburt ein, und die langsamen, rhythmischen Muskelkontraktionen entwickeln sich zu starken, effektiven Muskelbewegungen, die den Fötus aus dem Mutterleib schieben.

Die erste Handlung besteht im Luftholen; die Lungen werden mit Luft gefüllt, und dann stößt das Kind einen Schrei aus, im Allgemeinen nach einem entsprechenden Reiz durch den Arzt oder die Hebamme. Die Nabelschnur wird durchtrennt, und das selbstständige Leben beginnt.

Neue Einstellungen

(a) Der Körper. Nicht der gesamte Mensch, und doch äußerst wichtig, wesentlich, der Brennpunkt für alle Kräfte des Menschen und des Universums. Ein Tempel. Seine Gesundheit hängt davon ab, dass in jedem Leben richtig mit ihm umgegangen und gut für ihn gesorgt wird. Leben auf höchster Ebene.

(b) Wahre Liebe, Freundschaft und Gemeinschaft sind nicht allein körperlich, sondern betreffen den ganzen Menschen; sind nicht besitzergreifend, sondern lassen den geliebten Menschen frei: Geben und dienen auf allen Ebenen.

Erkenntnis des wahren Sinns des Lebens, nämlich die Entwicklung zur Vollkommenheit, und daher ein tiefes Interesse am geistigen Wohlergehen und der Weiterentwicklung des geliebten Menschen – dies gewährleistet Glück.

Das Gefühl, dass man dem göttlichen Selbst im eigenen Inneren verantwortlich ist, sollte die Beziehung prägen.

Liebe und Ehe und Freundschaft stellen wunderbare, einzigartige Gelegenheiten zu vollster und höchster Selbstentfaltung, zum gegenseitigen Dienst aneinander, zu geistiger und kultureller Entwicklung dar. Dies ist ihr wahrer Sinn. Darin liegt ein Großteil ihrer Schönheit und ihres Wertes als Erfahrung für das sich entwickelnde Geistige Selbst.

Die Ehe ist eine wunderbare Erziehung. Das Geistige in menschlichen Beziehungen zu vernachlässigen, zu ignorieren oder gar zu verachten, bedeutet, eine Katastrophe heraufzubeschwören. Dies ist der große Fehler der Menschheit, und daraus entspringt alles Leid des Menschen.

Doch Liebe in jeder Ausdrucksform ist wichtig, schön und wertvoll.

> „Wer in der Liebe wandelt, hat weite Wege;
> Doch Gott führt ihn zu reichem Segen."
>
> Henry van Dyke, *Artaban, der vierte Weise*

Das reine Glück der Liebe schenkt Weite, Entwicklung, reichere und freiere Selbstentfaltung, es holt das Innere Selbst zu uns herab und bereitet einen wahren Himmel auf Erden. Wahre Liebe befreit die Seele, erhebt die Seele, lässt die Seele schöner werden, insbesondere, wenn sie wahrhaft selbstlos und aufopferungsvoll ist.

„Es gibt vielerlei Liebe und vielerlei Licht,
Und jede Art Liebe verherrlicht das Licht.
Es gibt verzehrende Liebe und die, die erquickt.
Doch erhebende Liebe die edelste ist."

Henry van Dyke

(c) Die Zeugungskraft. Recht verstanden und recht gebraucht, ist sie nicht böse und nicht unrein. Sie ist heilig, denn sie ist eine göttliche Kraft im Körper des Menschen. Der Geschlechtstrieb ist kontrollierbar und verwandelbar. Sein körperlicher Ausdruck ist keine menschliche Notwendigkeit. Der Geschlechtstrieb ist nicht mit Hunger und Durst zu vergleichen. Die sexuelle Kraft ist eine göttliche Kraft, die den Menschen letztendlich zum Genius und zum Meister macht.

(d) Weiblichkeit – stets mit Hochachtung, Respekt und Ritterlichkeit zu betrachten.

(e) Das Kind. Kein Besitz. Nur körperlich jung. Das wahre Selbst ist entwickelt und weise und begibt sich bei der Geburt mithilfe der Eltern auf eine weitere Fahrt im Rahmen seiner langen Reise zur Vollkommenheit. Bringe dem Kind daher Verständnis entgegen, begegne ihm stets freundlich, diene ihm, ehre den Götterfunken in seinem Inneren, führe es weise, sei sanft mit ihm und schenke ihm Liebe. Wenn die Anwesenheit des Geistigen Selbst im Körper wahrgenommen und anerkannt wird, wird Grausamkeit undenkbar.

Das Wesen des Kindes aus theosophischer Sicht

- *Das Kind* ist, wie alle Menschen, vor allem dual: Ein unsterbliches geistiges Wesen in einem sterblichen materiellen Körper.

- *Das Unsterbliche Wesen* oder die Geistige Seele ist kein Kind. Es ist aufgrund umfangreicher Erfahrung erwachsen geworden.

- *Die Erfahrung* wurde durch aufeinanderfolgende Geburten in früheren physischen Körpern gewonnen.

- *Die Früchte* im Sinne von Fähigkeiten sind der unveräußerliche Besitz des Unsterblichen Selbst.

- *Bei der Geburt* in einem neuen Körper bringt das Ich diese Fähigkeiten mit und hofft auf Gelegenheiten, sie zum Ausdruck zu bringen und dadurch weiterzuentwickeln.

- *Das Ich* hofft außerdem, neue Kräfte und Fähigkeiten zu erlangen.

- Körper und Persönlichkeit *des Kindes* sind daher sehr wichtig.

[Geoffrey Hodson, Lecture Notes, Band I, S. 588-598]